Vegan

EINFACH GENIALE REZEPTE

compact via

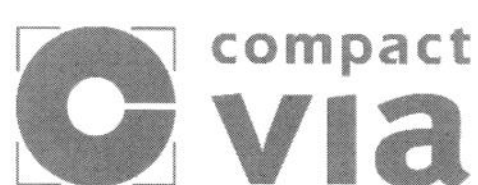

ABKÜRZUNGEN

EL	Esslöffel	g	Gramm	Bd.	Bund
TL	Teelöffel	l	Liter	TK	Tiefkühl...
Min.	Minute	ml	Milliliter	Abb.	Abbildung
Std.	Stunde	cm	Zentimeter		
kg	Kilogramm	Msp.	Messerspitze		

Impressum

compact via ist ein Imprint der Compact Verlag GmbH

Baierbrunner Straße 27, 81379 München
Ausgabe 2016

Einleitungstext: Frank Müller
Redaktionsleitung: Isabel Martins
Produktion: Ute Hausleiter
Abbildungen: siehe Bildnachweis S. 144
Titel Hintergrund: shutterstock.de/happy_fox_art
Gestaltung: PER MEDIEN & MARKETING GmbH, Braunschweig
Umschlaggestaltung: red.sign GbR, Stuttgart

ISBN 978-3-8174-1590-8
381741590/1

www.compactverlag.de

INHALT

VEGAN ERNÄHREN

Models tun es, Manager tun es, selbst Hochleistungssportler. Sie alle vereint der Wunsch, sich gesundheitsbewusst und/oder ökologisch nachhaltig zu ernähren. Sie haben auf eine vegane Ernährungsweise umgestellt, die seit einigen Jahren so sehr im Trend liegt, dass inzwischen nicht nur in Großstädten wie Paris, London und Berlin vegane Restaurants wie Pilze aus dem Boden schießen. Ob Sie sich nun komplett vegan ernähren wollen oder nur zwischendurch für sich oder Gäste auf tierische Produkte verzichten wollen – hier erfahren Sie das A und O für gelungene Gerichte.

GESUND SOLL'S SEIN!

Eine vegane Lebensweise sieht sich häufig mit Vorurteilen konfrontiert, Mangelerscheinungen nach sich zu ziehen. Nicht aber die vegane, sondern vielmehr eine einseitige Ernährung ist die Hauptursache, wenn der menschliche Körper nicht alle lebensnotwendigen Stoffe zugeführt bekommt. Ernährungswissenschaftler haben daher eine Ernährungspyramide aufgestellt, die die Grundlagen einer ausgewogenen veganen Ernährung darstellt.

1. Ebene:
(möglichst kalorienarme) Getränke wie Mineralwasser oder Tee (1–2 l am Tag)

2. Ebene:
Gemüse und Obst

Eile mit Weile

Wer auf eine vegane Ernährung umsteigen möchte, sollte nichts überstürzen. Es ist stattdessen ratsam, am Anfang nicht gleich gänzlich auf tierisches Eiweiß in Form von Milchprodukten zu verzichten, auch weil diese Tryptophan enthalten, eine Vorstufe des „Glückshormons" Serotonin. Tryptophan ist übrigens auch in diversen Vollkornprodukten, Hülsenfrüchten, Nüssen und Bananen enthalten, deren Verzehr also tatsächlich glücklich macht und den Umstieg erleichtert!

3. Ebene:
Kartoffeln, Vollkorn- und Getreideprodukte

4. Ebene:
Hülsenfrüchte, Sojaprodukte, Fleischalternativen, Nüsse und Samen

5. Ebene:
pflanzliche Öle, Fette, Salz

6. Ebene:
nur sparsam Snacks, Süßigkeiten und Alkohol

Übrigens: Ärzte empfehlen nicht nur, aber besonders Veganern, in regelmäßigen Abständen den Vitamin-B_{12}-, Vitamin-D- und Eisen-Spiegel messen zu lassen, um gegebenenfalls mithilfe von Nahrungsergänzungspräparaten möglichen Mangelerscheinungen vorzubeugen. Dafür minimieren Veganer durch ihre Ernährungsweise das Risiko, unter Gefäßerkrankungen, Krebs, Diabetes, Osteoporose und anderen Erkrankungen zu leiden, die gern unter den Begriff der Zivilisationskrankheiten gefasst werden.

VEGANE GRUND-NAHRUNGSMITTEL

Gemüse & Obst: Die unzähligen Gemüse- und Obstsorten, Pilze und Salate sind nicht nur ein Garant für eine ausreichende Versorgung des Körpers mit nahezu allen Vitaminen, Mineral- und Ballaststoffen, sondern bilden die Basis eines sehr abwechslungsreichen Speiseplans. Am besten lassen Sie sich bei einem Besuch auf einem Bauernmarkt inspirieren. Oder Sie abonnieren eine Gemüsekiste bei einem Bio-Landwirt in Ihrer Umgebung, der Ihnen einmal wöchentlich eine bunte Zusammenstellung direkt nach Hause liefert. Sie werden überrascht sein, welche Gemüsesorten es noch zu entdecken gibt – und feststellen, dass es ein Leichtes ist, die ernährungswissenschaftliche Empfehlung zu befolgen, die drei Gemüseeinheiten (mind. 400 g) und zwei Obsteinheiten (mind. 300 g) pro Tag vorsieht.

Und noch ein Hinweis: Wer die wertvollen Nährstoffe im Gemüse nicht zerstören will, sollte es nach Möglichkeit gar nicht bzw. nur kurz und bissfest kochen. Schonender ist es in den meisten Fällen, Gemüse mit kurzen Garzeiten (z. B. Blattspinat, Zuckerschoten) zu blanchieren, Gemüse mit längeren Garzeiten zu dünsten oder zu dämpfen.

Vollkorn- & Getreideprodukte, Kartoffeln, Reis: Der Verzicht auf Milchprodukte bedeutet zugleich einen Verzicht auf Eiweiße, die tierischen Ursprungs sind. Dies ist jedoch nicht sonderlich problematisch, sofern dem Körper ausreichend pflanzliche Eiweiße zugeführt werden – neue Studien gehen von 0,5–1 g pro Kilogramm Körpergewicht als Tagesbedarf aus.

Die wichtigsten veganen Eiweißquellen sind Vollkorn- und Getreideprodukte (z. B. Vollkornbrot, Vollkornteigwaren, Couscous, Bulgur), die überdies komplexe Kohlenhydrate und Ballaststoffe enthalten. Kartoffeln hingegen sind vor allem reich an Vitamin C, Kalium und Magnesium, Reis ist ein wertvoller Lieferant von Mineralstoffen und Spurenelementen. Dies gilt umso mehr für ungeschälten Natur- bzw. Vollkornreis, bei dem ein feines Häutchen verhindert, dass Vitamine und Mineralstoffe das Korn verlassen. Nudeln (aus Hartweizengrieß oder auf Vollkornbasis hergestellt), Kartoffeln und Reis sind daher ein unverzichtbares Element einer ausgewogenen Ernährung; Wissenschaftler empfehlen zwei bis drei Portionen pro Tag. Eine Portion entspricht dabei beispielsweise 80 g rohem Reis, 125 g Vollkornteigwaren oder ca. 250 g Kartoffeln.

Hülsenfrüchte zeichnen sich durch einen hohen Gehalt an Stärke, Eiweiß und Ballaststoffen aus, enthalten darüber hinaus auch wichtige Mineralstoffe wie Eisen, Magnesium, Kalzium und Kalium sowie B-Vitamine. Aus der veganen, zumal oft indisch-fernöstlich inspirierten Küche sind sie nicht wegzudenken. Ein weiterer großer Vorteil der meisten Hülsenfrüchte: Ob Bohnen, Linsen, Kicher- oder Schälerbsen, getrocknet sind sie lange haltbar und eignen sich deshalb hervorragend zur Vorratshaltung.

Sojaprodukte (Abb. oben): Auch die Sojabohne gehört zu der Familie der Hülsenfrüchtler, jedoch enthält sie statt Stärke Öl. Da das Sojaeiweiß dem Eiweiß aus tierischen Quellen fast ebenbürtig ist und die zahlreichen Sojaprodukte zudem als Ersatz für Fleisch- und Milchprodukte dienen, spielen sie in der Proteinversorgung von Vegetariern und Veganern eine besondere Rolle.

Nüsse, Samen und pflanzliche Öle versorgen den Körper mit Spurenelementen und Mineralstoffen (z. B. Kalzium) sowie mit essenziellen Fettsäuren, sind daher aber auch sehr kalorienreich. Empfohlen wird ein Ölkonsum von 2–4 EL Öl pro Tag. Verzichten Sie nach Möglichkeit auf raffinierte oder gehärtete Öle und greifen Sie stattdessen zu den gesünderen kalt gepressten und schonend behandelten Ölen wie dem an Omega-3-Fettsäuren reichen Leinöl oder extra nativem Olivenöl. Bei Margarine sollte darauf geachtet werden, dass sie als vegan ausgezeichnet ist, da bei ihrer Herstellung oft auch tierische Speisefettsäuren verwendet werden.

Salz ist übrigens in vielen Lebensmitteln bereits enthalten, weshalb der durchschnittliche Tagesverbrauch in westlichen Staaten weit über dem Wert liegt, der medizinisch ratsam ist. Verwenden Sie aus diesem Grund Salz bei der Zubereitung Ihrer Speisen möglichst sparsam.

ES GEHT AUCH OHNE FLEISCH UND MILCH

Bei manchen Veganern sind sie aufgrund oft zahlreicher Zusatzstoffe verpönt, für andere sind sie dagegen willkommener Ersatz für einst lieb gewonnene Ernährungsgewohnheiten: die inzwischen sehr breite Palette an Fleisch- und Milchersatzprodukten. Hier jetzt eine Auswahl.

Tofu (Abb. oben): das in der veganen Küche wohl wichtigste Sojaprodukt. Für die Herstellung von Tofu werden Sojabohnen mit Wasser zu einem Püree verarbeitet. Durch das anschließende Filtern und die Zugabe von natürlichen Gerinnungsmitteln (z. B. Nigari) wird die so gewonnene Flüssigkeit zum Stocken gebracht: So erhält man ausgeflocktes Sojaeiweiß, eine Art „Käse", das anschließend noch gepresst wird. Beim relativ weichen Seidentofu wird dieser Pressvorgang ausgelassen, weshalb er in seinen Eigenschaften wie der Konsistenz eher an Quark erinnert.

Lopinos: Eine nicht minder eiweißreiche Alternative zu Tofu sind die nussig schmeckenden Lopinos, Filets aus Lupinen (Wolfsbohnen), einer weniger bekannten Hülsenfrucht. Sie werden zu Bratlingen oder auch zu Brotaufstrichen verarbeitet.

Seitan (Abb. unten): ist in seiner Beschaffenheit dem (schnittfesten) Tofu ähnlich. Da er allerdings aus dem glutenhaltigen Weizeneiweiß hergestellt wird, darf er von Menschen mit einer Glutenunverträglichkeit nicht gegessen werden. Die Rohmasse aus Weizenmehl und Wasser wird ausgewaschen und verdankt ihren würzigen Geschmack einer Marinade aus Sojasoße, unterschiedlichen Gewürzen und häufig noch weiteren Zutaten wie Algen. Seitan wird in Stücken oder Scheiben geschnitten als Fleischersatz verwendet und kann gebraten, frittiert oder in veganen Gerichten mitgekocht werden.

Sojamilch/Pflanzenmilch (Abb. oben): Bei der Tofuherstellung entsteht Sojamilch, die aus Sojabohnen und Wasser besteht. Mit Pflanzenöl und veganen Emulgatoren versetzt, wird daraus Sojasahne, die immerhin einen Fettgehalt von rund 17 % aufweist. Ferner sind im Handel auch Sojajoghurt oder -frischkäse erhältlich. Bei einer Sojaunverträglichkeit gibt es Alternativen zur Sojamilch, die z. B. auf der Basis von Hafer, Mandeln oder Reis hergestellt werden. Da der Milchersatz in der EU nicht als Milch bezeichnet werden darf, kommt Pflanzenmilch etwa als Sojadrink oder Hafergetränk in den Handel, Sojajoghurt als Soja-Joghurtalternative.

Veganer Käse: schmelzfähiger Käseersatz kann zum Überbacken von Aufläufen oder Pizzen verwendet werden. Da er meist hauptsächlich aus Kokosöl oder Kartoffelstärke besteht, enthält er wenig Nährstoffe, dafür aber viel Fett und reichlich Kohlenhydrate. Veganer Mozzarella wird dagegen auf der Basis von Vollkornreis oder Flohsamenschalen hergestellt und ist damit gesünder. Er schmilzt ebenso beim Erhitzen.

Tempeh (Abb. unten): Das aus Indonesien stammende Fermentationsprodukt wird aus gekochten und geschälten Sojabohnen hergestellt, die mit einem Schimmelpilz „geimpft" werden und sich so zu einem Teig verbinden. Roh hat Tempeh einen hohen Wasseranteil und ist leicht verderblich, kann aber zur Vorratshaltung gut eingefroren werden. Es hat einen nussigen, leicht süßlichen Geschmack und kann würzig mariniert besonders gut gebacken oder frittiert werden.

UND SONST?

Auch die vegane Küche kommt natürlich nicht ohne Gewürze, Süßungsmittel und Aromen aus, die den Gerichten erst den richtigen Pfiff geben. Im Folgenden einige Hinweise, die es zu beachten gilt.

Gewürze: Die meisten Gewürze können auch in der veganen Küche bedenkenlos verwendet werden, Vorsicht ist aber z. B. bei gekauften (asiatischen) Currypasten angebracht, denen mitunter Garnelenpaste oder Fischsoße beigemengt ist.

Süßungsmittel: Zwar ist es ein Mythos, dass Zuckerraffinerien Tierknochenmehl bei der Herstellung von (weißem) Zucker verwenden, doch aus gesundheitlicher Sicht ist es sehr ratsam, Zucker nur maßvoll zu konsumieren. Alternativen zum Süßen von Speisen können diverse Siruparten (z. B. basierend auf Löwenzahn, Ahorn, Datteln) sein. Einhellige Meinung herrscht hingegen unter Veganern darüber, dass Honig kein veganes Lebensmittel ist, da bei der Honiggewinnung Bienen häufig getötet werden und die Insekten den Honig nicht freiwillig abgeben. Ähnlich in Geschmack und Konsistenz ist Agavendicksaft (Abb. unten).

den Zellwänden bestimmter Algenarten gewonnen wird. Zum Eindicken von Soßen beispielsweise können Sie auch Guarkern- oder Pfeilwurzelmehl bzw. Stärke verwenden, die auf Basis von Mais oder Kartoffeln hergestellt wird.

Essig & Wein: Bei der Verwendung von Essig und Wein sollten Veganer auf die vegane Kelterung der Produkte achten. Denn bei der herkömmlichen Herstellung werden häufig Gelatine, Kasein, Hühnereiweiß oder Fischbestandteile zum Klären des Essigs bzw. des Traubenmostes verwendet.

Ketchup: Auch Ketchup ist nicht in allen Fällen vegan, ist in einigen im Handel erhältlichen Sorten doch beispielsweise Sardellenpaste als Gewürz beigemengt.

Geliermittel: Gelatine wird aus Schweineschwarten, Tierknochen oder -häuten hergestellt, ist also nicht vegan. Stattdessen kann Agar-Agar (Abb. rechts) als Geliermittel verwendet werden, das aus

(Süßwasser-)Algen

Algen sind außerordentlich gute Lieferanten von Mineralstoffen und Vitaminen – einige Algensorten können es in puncto B_{12}-Vitamin gar mit Fleischprodukten aufnehmen. So können Algen – bekannte Sorten heißen etwa Nori oder Wakame – klein geschnitten unter Salat gemischt werden. Wer den Geschmack nach Meer nicht mag, kann Algen auch in pulverisierter Form verwenden. Da Algen oft stark mit Toxinen belastet sind, sollten Sie auf die Herkunft des „Meeresgemüses" achten.

EINKAUFSGUIDE

Was ist vegan? Nicht immer ist diese Frage sofort zu beantworten und oft verstecken sich tierische Produkte in Lebensmitteln, die erst auf den zweiten Blick enttarnt werden. Zwar haben längst auch Supermarktketten Veganer als Zielgruppe für sich entdeckt, erleichtert wird der Einkauf aber natürlich, wenn Sie Läden wie Reformhäuser, Biomärkte oder Drogerien ansteuern, die ihr Sortiment auf Vegetarier und Veganer ausgerichtet haben. Überdies werden hier meist Produkte gehandelt, die aus ökologisch nachhaltiger Herstellung stammen. Auch gibt es inzwischen zahlreiche Onlineshops mit ausschließlich veganem Angebot.

Aber selbst dann wird es nicht immer ausbleiben, dass Veganer die Zutatenlisten von Lebensmittelprodukten etwas genauer studieren sollten. In seltenen Fällen kommt es dabei gar auf die Details an; so gibt es einige mit E-Nummern gekennzeichnete Lebensmittelzusatzstoffe aus tierischen Produkten. Onlineportale helfen weiter. Im Zweifelsfall kann eine Produktanfrage beim jeweiligen Hersteller Gewissheit bringen.

Den Einkauf erleichtern drei Labels, die vegane Lebensmittel kennzeichnen: die „Vegan-Blume“ der britischen Vegan Society, das „V-Label“ der Europäischen Vegetarier Union und das „Vegan-Label“ der Veganen Gesellschaft Deutschland e. V. Ihnen gemeinsam ist, dass sie nur an Produkte vergeben werden, für deren Herstellung auf tierische Inhaltsstoffe, tierische Hilfsstoffe und Tierversuche sowie Gentechnik (Ausnahme: „Vegan-Blume“) verzichtet wurde. Beim „Vegan-Label“ dürfen Lebensmittel zudem nur in Räumen verarbeitet und verpackt worden sein, die ausschließlich für die Herstellung veganer Produkte verwendet werden. Hilfreich sind auch die Internetseiten von diversen Veganer-Vereinigungen oder -Ratgebern.

AM BESTEN FRISCH

Gerade bei einer auf pflanzlichen Produkten basierenden Ernährung sind frische Zutaten das A und O. Doch natürlich ist bis zu einem gewissen Grad auch in der veganen Küche eine Vorratshaltung möglich. Und zwar nicht nur bei getrockneten Hülsenfrüchten, Nudeln, Trockenfrüchten, veganen Brotaufstrichen und Pasten, Nüssen und Kernen oder diversen Sirups, die trocken, luftdicht und dunkel aufbewahrt bedenkenlos einige Wochen bis Monate in der Vorratskammer gelagert werden können.

So ist auch in der veganen Küche der Kühlschrank unerlässlich, um Produkte nach dem Einkauf für eine gewisse Zeit zu konservieren. Das gilt besonders für viele Gemüsesorten und die meisten Sojaprodukte wie Sojamilch oder Tofu. Wie herkömmliche Milchprodukte sind sie nur begrenzt haltbar, sollten stets gekühlt und nach dem Öffnen schnell verzehrt werden.

Viele Gemüsesorten verlieren jedoch auch gekühlt Aroma und Nährstoffe, wenn sie zu lange aufbewahrt werden. Wer also Gemüse nicht frisch verarbeiten kann, sollte es besser einfrieren – die Inhaltsstoffe bleiben so im Gemüse, und Mikroorganismen, die für die Alterung des Gemüses verantwortlich sind, können sich nicht weiter vermehren bzw. werden abgetötet.

Nahezu jede Gemüseart eignet sich zum Einfrieren, sollte aber in den meisten Fällen zunächst geputzt und klein geschnitten blanchiert, also in kochendem Salzwasser 2–4 Minuten vorgegart, und in Eiswasser abgeschreckt werden. Anschließend kommt das Gemüse, das man gut abtropfen lassen bzw. trocken tupfen sollte, in gut verschlossenen Gefrierbeuteln oder speziellen Behältern in den Gefrierschrank. Doch auch dann hält sich das Gemüse nicht endlos, je nach Sorte sollte es spätestens nach 3–12 Monaten verzehrt werden.

Frühstück

Frühstück

POWER-MANDEL-PORRIDGE

Für 4 Personen:

4 EL getrocknete Aprikosen
200 g Haferflocken
450 ml Mandeldrink
Salz
2 EL Mandelblättchen
4 EL Sonnenblumenkerne

Zubereitungszeit:
15 Min.

1. Die getrockneten Aprikosen grob hacken. Haferflocken mit 450 ml Wasser sowie dem Mandeldrink in einen Topf geben und 1 Prise Salz zugeben. Das Ganze erhitzen und unter ständigem Rühren bei starker Hitze aufkochen. Dann bei milder Hitze ca. 5 Minuten leise köcheln lassen, dabei gelegentlich umrühren.

2. Mandelblättchen und Sonnenblumenkerne in eine beschichtete Pfanne geben. Ohne die Zugabe von Fett kurz rösten. Dabei häufig durchschwenken, damit Mandeln und Kerne nicht verbrennen.

3. Sobald das Porridge dick und cremig ist, in 4 tiefe Teller oder Schalen füllen. Das Ganze mit den gehackten Aprikosen, Mandeln und Sonnenblumenkernen bestreuen und dann rasch servieren.

Tipp

Natürlich schmeckt dieses Frühstücksrezept auch mit anderen getrockneten Früchten sehr lecker. Besonders gut eignen sich neben Aprikosen auch Datteln, Feigen oder Pflaumen. Oder Sie geben zum Schluss frische Beeren über das Porridge.

Frühstück

BEEREN-GETREIDE-FRÜHSTÜCK

Für 4 Personen:

8 EL Gerstenflocken
4 EL Haferflocken
4 EL Weizenflocken
1 l Mandeldrink
4 TL Ahornsirup
600 g Erdbeeren
400 g Himbeeren

Zubereitungszeit:
20 Min.

1. Gersten-, Hafer- und Weizenflocken in eine Schale geben und vermischen. Danach Mandeldrink und Ahornsirup dazugeben und das Ganze gründlich miteinander vermengen.

2. Erdbeeren waschen, mit Küchenpapier trocken tupfen und putzen. Die Beeren je nach Größe halbieren oder vierteln. Himbeeren ebenfalls waschen, mit Küchenpapier trocken tupfen und verlesen.

3. Erdbeeren und Himbeeren zum vorbereiteten Müsli geben. Danach alles auf 4 tiefe Teller oder Schälchen verteilen und dann das Beeren-Getreide-Frühstück sofort servieren.

Tipp

Je nach Saison und Angebot schmeckt auch Banane in diesem Frühstück lecker; sie sorgt ebenfalls für reichlich Energie. Und auch Papaya macht eine gute Figur in diesem Rezept. Achten Sie beim Einkauf auf jeden Fall auf Frische und Reife der Früchte.

Frühstück

OBSTSALAT
MIT PAPAYA UND GRANATAPFEL

Für 4 Personen:

Für den Crunch:

2 EL Haselnüsse
8 EL Haferflocken
2 EL Kokoschips
2 EL Sonnenblumenkerne
1 EL Sesamsamen
4 EL brauner Rohrzucker
2 EL neutrales Pflanzenöl
1 Msp. Zimtpulver

Für den Salat:

1 Papaya
1 Limette (unbehandelt)
1 Granatapfel
500 g Soja-Joghurtalternative natur

Zubereitungszeit:
30 Min.

Backzeit:
30 Min.

1. Für den Crunch den Backofen auf 160 Grad Ober- und Unterhitze (140 Grad Umluft) vorheizen. Die Haselnüsse grob hacken. Mit Haferflocken, Kokoschips, Sonnenblumenkernen und Sesam vermengen.

2. Braunen Zucker, neutrales Öl und Zimtpulver in einen kleinen Topf geben und gründlich vermengen, dann unter ständigem Rühren erhitzen. Über die trockenen Zutaten geben und alles sorgfältig vermischen.

3. Ein Backblech mit Backpapier auslegen und die Nussmischung darauf verteilen. Die Mischung im heißen Ofen auf der zweiten Schiene von unten ca. 30 Minuten backen. Haferflockencrunch dabei immer wieder umrühren, weil er ansonsten leicht verbrennen kann.

4. Nach Ende der Backzeit das Blech aus dem Ofen nehmen und den Crunch vollständig auskühlen lassen. Anschließend in kleine Stücke brechen.

5. Für den Obstsalat Papaya schälen, der Länge nach halbieren und die Kerne mit einem kleinen Löffel entfernen. Das Fruchtfleisch in mundgerechte Würfel schneiden.

6. Limette heiß waschen und trocken reiben. Die Schale auf der Küchenreibe dünn abraspeln und den Saft auspressen. Beides über die Papaya geben und kurz marinieren. Granatapfel halbieren und die Kerne mithilfe eines Teelöffels auslösen, dabei die weißen Trennhäute entfernen.

7. Joghurtalternative auf 4 kleine tiefe Teller oder Schalen verteilen. Papaya und Granatapfelkerne daraufgeben. Dann mit dem Crunch bestreuen und den Obstsalat servieren.

Frühstück

SCHOKO-NUSS-AUFSTRICH

Für 4 Personen:

130 g Walnüsse

100 g vegane Zartbitterschokolade

Salz

1 EL neutrales Pflanzenöl

1 EL Agavendicksaft

½ TL Vanilleextrakt

Zubereitungszeit:

10 Min.

1. Die Walnüsse grob hacken und ohne die Zugabe von Fett in eine beschichtete Pfanne geben. Darin rösten und dabei häufig durchschwenken, damit die Nüsse nicht zu dunkel werden. Die Zartbitterschokolade grob hacken.
2. Geröstete Walnüsse und gehackte Schokolade mit 1 Prise Salz, Pflanzenöl und Agavendicksaft in den Mixer geben und alles fein pürieren. Den Aufstrich nach Geschmack mit ein wenig Vanilleextrakt abschmecken.

Tipp

Auch genial und lecker aufs Brot: ein Ingwer-Apfel-Aufstrich. Dafür 75 g Ingwer schälen und grob klein schneiden. Je 1 unbehandelte Zitrone und Orange heiß waschen, trocken reiben und in grobe Stücke schneiden. 750 g Äpfel waschen, vierteln und von den Kerngehäusen befreien. Alles mit dem Pürierstab zerkleinern und in einen Topf mit 300 ml Wasser geben. Aufkochen und die Mischung dann ca. 1 Stunde leise köcheln lassen. Dabei ab und zu umrühren.

Anschließend die Mischung durch ein Sieb streichen und wieder in einen Topf geben. 300 ml naturtrüben Apfelsaft und 500 g braunen Zucker hinzufügen. Erhitzen und so lange rühren, bis sich der Zucker vollständig aufgelöst hat. Weitere 20 Minuten kochen, dabei ab und zu umrühren.

Diesen Aufstrich in gründlich gereinigten und fest verschließbaren Gläsern aufbewahren.

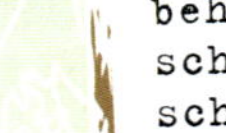

Tipp

Damit der Aufstrich auch eine gute Streichfähigkeit hat, sollte er zwar kühl und dunkel gelagert werden, aber möglichst nicht im Kühlschrank. Daher muss er auch rasch verbraucht werden.

Frühstück

AVOCADO-PAPRIKA-AUFSTRICH

Für 4 Personen:

1 gelbe Paprikaschote
1 Bd. Schnittlauch
1 Limette (unbehandelt)
2 reife Avocados
100 g Seidentofu
2 EL Olivenöl
1 TL brauner Rohrzucker
Salz
Cayennepfeffer
1 Kästchen Shisokresse (alternativ Gartenkresse)

Zubereitungszeit:
15 Min.

1. Paprikaschote waschen, putzen und in sehr feine Würfel schneiden. Schnittlauch waschen, trocken schütteln und in feine Röllchen schneiden. Limette heiß waschen und trocken reiben, dann die Schale fein abraspeln und den Saft auspressen.

2. Avocados halbieren, Steine entfernen und das Fruchtfleisch mit einem Esslöffel aus den Schalen lösen. Fruchtfleisch sofort mit Limettensaft beträufeln.

3. Avocadofruchtfleisch, Seidentofu, Limettenschale, Olivenöl und braunen Zucker in einen Rührbecher geben. Mit Salz und mit Cayennepfeffer würzen. Dann das Ganze mit dem Stabmixer fein pürieren.

4. Schnittlauchröllchen und die Hälfte der Paprikawürfel unter die Avocadomasse mengen. Den Aufstrich in eine Schale geben und mit den restlichen Paprikawürfeln bestreuen. Die Kresse vom Beet schneiden und ebenfalls über den Aufstrich streuen. Dann sofort servieren.

Tipp

Hierzu passt frisches Vollkorn- oder Landbrot besonders gut. Achten Sie bei den Avocados unbedingt darauf, dass sie reif sind, nur so lassen sie sich mühelos pürieren und der Geschmack kann sich voll entfalten.

Frühstück

TOFU-RÜHREI
AUF BROT MIT TOMATEN

Für 4 Personen:

2 Tomaten
6 Stängel Basilikum
300 g schnittfester Tofu natur
170 g Räuchertofu
200 g Seidentofu
3 EL Rapsöl
Salz
Pfeffer aus der Mühle
Kurkumapulver
4 Scheiben Vollkornbrot

Zubereitungszeit:
20 Min.

1. Tomaten waschen und in Scheiben schneiden, dabei die Stielansätze entfernen. Basilikum vorsichtig kalt abbrausen, mit Küchenpapier trocken tupfen und die Blättchen in Streifen schneiden.

2. Tofu natur in feine Streifen und Räuchertofu in kleine Würfel schneiden. Seidentofu in einen tiefen Teller geben und mit einer Gabel zerdrücken. Die 3 Tofusorten vermengen.

3. Rapsöl in einer Pfanne erhitzen. Tofu dazugeben und unter Rühren ca. 5 Minuten braten. Mit Salz und frisch gemahlenem Pfeffer würzen. So viel Kurkuma zugeben und unterrühren, bis das Ganze eine schöne gelbe Farbe erhält.

4. Die Tomaten auf die Brotscheiben geben. Das Tofu-Rührei darauf verteilen und mit dem Basilikum bestreuen. Dann sofort servieren.

Tipp

Wer dem Gericht einen stärkeren Geschmack nach Ei verleihen will, würzt vorsichtig mit Kala Namak, einem schwarzes Salz, das vor allem in der indischen Küche Verwendung findet. Es hat einen schwefeligen Geruch und wird in der veganen Küche gern mal als geschmacklicher Ei-Ersatz genommen.

Frühstück

FRUCHTIGER MORGENGRUSS

Für 4 Drinks:

2 Äpfel

2 Kiwis

2 Bananen

1 Handvoll Zitronenmelisseblättchen

16 Eiswürfel

ca. 100 ml Sojadrink natur

Zubereitungszeit:

10 Min.

1. Äpfel waschen, trocken reiben, vierteln und von den Kerngehäusen befreien. Das Fruchtfleisch dann in grobe Würfel schneiden. Kiwis und Bananen schälen und ebenfalls in Würfel schneiden. Zitronenmelisse kalt abbrausen und trocken tupfen.

2. Äpfel, Kiwis und Bananen zusammen mit den Eiswürfeln in den Standmixer geben. Die Hälfte der Zitronenmelisse und 100 ml Sojadrink dazugeben und das Ganze kräftig zu einem homogenen Drink aufmixen. Sollte die Konsistenz zu fest sein, noch etwas Sojadrink zufügen.

3. Den Sojadrink zum Schluss auf 4 geeiste Gläser verteilen. Mit den übrigen Melisseblättchen garnieren und dann sofort servieren.

Tipp

Wer mag, wertet den Morgengruß optisch noch zusätzlich auf und serviert Mangospieße dazu. Dafür 1 reife Mango schälen und das Fruchtfleisch in ca. 1 cm große Würfel schneiden. Diese auf 4 Holzspieße stecken und zum Schluss nach Geschmack mit etwas Ahornsirup beträufeln.

Frühstück

ERDBEER-BANANEN-SMOOTHIE

Für 4 Smoothies:

500 g reife Erdbeeren
2 kleine Bananen
100 g gehackte Mandeln
50 g brauner Rohrzucker
Saft von 3 Orangen
16 Eiswürfel

Zubereitungszeit:
20 Min.

Anfrierzeit:
30 Min.

1. Die Erdbeeren putzen, waschen und trocken tupfen. Bananen schälen und in Stücke schneiden. Erdbeeren und Bananenstücke auf einen Teller geben und für ca. 30 Minuten im Gefrierschrank anfrieren lassen.

2. In der Zwischenzeit die gehackten Mandeln in einer beschichteten Pfanne ohne die Zugabe von Fett 1–2 Minuten anrösten, bis sie zu duften beginnen. Dabei häufig durchschwenken, damit die Mandeln nicht zu dunkel werden.

3. Den Zucker über die gerösteten Mandeln in der Pfanne streuen und alles gut miteinander verrühren. Sobald sich der Zucker aufgelöst hat, also zu karamellisieren beginnt, die Pfanne vom Herd ziehen.

4. Den Mandelkrokant auf einen kalten Teller geben. Wenn er ausgekühlt und fest ist, in kleine Stücke brechen.

5. Die angefrorenen Früchte aus dem Gefrierschrank nehmen. Dann mit dem Orangensaft und den Eiswürfeln in den Standmixer geben und kräftig pürieren. In Gläser füllen und mit dem Krokant bestreuen. Smoothie sofort servieren.

Tipp

Verwenden Sie für den Smoothie frische, reife und aromatische Früchte, nur so wird er dann auch richtig fruchtig-lecker.

Frühstück

FRÜHSTÜCKS-SHAKES

Für je 4 Shakes:

Für den Dattel-Bananen-Shake (Abb. rechts):

4 reife Bananen

12 getrocknete Datteln

2 EL Zitronensaft, frisch gepresst

800 ml Mandeldrink

Für das Trinkfrühstück (Abb. Mitte):

400 g Heidelbeeren (frisch oder TK)

800 g Soja-Joghurtalternative Vanille

200 ml Mandeldrink

6 EL Haferflocken

6 EL gepoppter Amarant

Für den Sattmacher (Abb. links):

2 Bananen

40 g Haferflocken

40 g gepoppter Amarant

60 g Cashewnüsse

40 g Mandeln

2 EL Agavendicksaft

2 EL Kokosöl

2 TL veganes Kakaopulver

800 ml Haferdrink

Zubereitungszeit:
je 10 Min.

1. Für den Dattel-Bananen-Shake die Bananen schälen, grob zerkleinern und in den Standmixer geben. Die Steine der Datteln entfernen und Früchte ebenfalls in den Mixer geben.

2. Zitronensaft und Mandeldrink zu den übrigen Zutaten im Mixer hinzufügen. Das Ganze kräftig aufmixen, bis ein dickflüssiger Shake entstanden ist. In Gläser füllen und Shake servieren.

3. Für das Trinkfrühstück frische Heidelbeeren waschen und verlesen, dann in den Standmixer geben. Gefrorene Beeren antauen lassen und ebenfalls in den Mixer geben.

4. Joghurtalternative und Mandeldrink zu den Heidelbeeren geben. Dann Haferflocken und Amarant hinzufügen und das Ganze zu einem dickflüssigen Shake aufmixen. In Gläser gefüllt servieren.

5. Für den Sattmacher Bananen schälen, in grobe Stücke schneiden und in den Standmixer geben. Haferflocken, Amarant, Cashewnüsse und Mandeln hinzufügen.

6. Agavendicksaft, Kokosöl und Kakao in den Mixer geben. Den Haferdrink angießen, dann alles pürieren und aufmixen, bis ein dickflüssiger Shake entstanden ist. In Gläser füllen und Sattmacher servieren.

Tipp

Wenn Sie keine Pflanzendrinks im Haus haben, dafür aber Nussmus, dann kann man 2–3 EL davon mit 1 l Wasser aufmixen; wer mag, süßt dann noch mit einem Süßungsmittel wie Agavendicksaft oder braunem Rohrzucker.

Frühstück

WARMER FRÜHSTÜCKS-COUSCOUS

Abb. Seite 15

Für 4 Personen:

200 ml Orangensaft
2 EL brauner Rohrzucker
Salz
2 EL neutrales Pflanzenöl
20 g getrocknete Cranberrys
200 g Couscous
500 ml ungesüßter Alpro Mandeldrink
7 getrocknete Datteln
50 g Mandeln

Zubereitungszeit:
15 Min.

Quellzeit:
30 Min.

1. Orangensaft mit braunem Zucker, 1 Prise Salz, Pflanzenöl und Cranberrys in einen Topf geben, verrühren und zum Kochen bringen. Sobald der Saft kocht, den Topf vom Herd nehmen und den Couscous einrühren.

2. Den Deckel auflegen und das Ganze 30 Minuten quellen lassen. Nach Ende der Quellzeit den Couscous mit einer Gabel durchrühren und leicht auflockern.

3. Mandeldrink in einen Topf geben und erwärmen, dabei mit einem Schneebesen leicht aufschäumen. Den warmen Mandeldrink unter den Couscous rühren.

4. Datteln von den Steinen befreien und die Früchte in kleine Stücke schneiden. Mandeln grob zerkleinern und in einer Pfanne ohne die Zugabe von Fett leicht rösten; dabei öfter durchschwenken, damit die Mandeln nicht zu dunkel werden.

5. Datteln und Mandeln unter den Couscous heben. In kleinen tiefen Tellern oder Schalen anrichten und dann den Frühstückscouscous sofort noch warm servieren.

Tipp

Die getrockneten Früchte und Mandeln in diesem Rezept lassen sich natürlich beliebig erweitern oder variieren, ganz nach Geschmack und abhängig davon, was der Vorratsschrank hergibt. Erlaubt ist, was schmeckt!

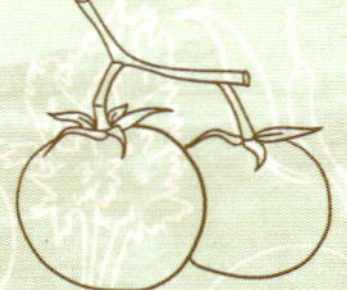

Snacks & kleine Gerichte

Schnelle Asiaröllchen

Für 4 Personen:

120 g Möhren
150 g Knollensellerie
1 kleine Gurke
150 g schnittfester Tofu
8 große Blätter Chinakohl
Salz
ca. 2 TL Wasabipaste
Sojasoße zum Dippen

Zubereitungszeit:
25 Min.

1. Möhren schälen und der Länge nach in sehr feine Streifen schneiden. Sellerie schälen und ebenfalls in sehr feine Streifen schneiden.

2. Die Gurke waschen, längs halbieren und entkernen, dann das Fruchtfleisch in schmale Streifen schneiden. Tofu in dünne Scheiben schneiden. Kohlblätter waschen und dickere Rippen flach schneiden.

3. In einem Topf gesalzenes Wasser zum Kochen bringen und Möhren- sowie Selleriestreifen hineingeben. Das Wasser einmal aufwallen lassen.

4. Die Kohlblätter in ein Küchensieb geben. Möhren und Sellerie mit dem heißen Wasser über die Kohlblätter gießen. Das Ganze mit eiskaltem Wasser abschrecken, dann abtropfen lassen und trocken tupfen.

5. Die Kohlblätter am unteren Ende jeweils mit 1–2 Scheiben Tofu belegen und etwas Wasabi daraufstreichen. Gurke, Möhren und Sellerie darauflegen.

6. Chinakohl stramm aufrollen und die Röllchen jeweils halbieren. Mit Zahnstochern feststecken und die Asiaröllchen mit Sojasoße servieren.

Tipp

Toll schmecken auch Sommerrollen zum Selberrollen. Dafür schneidet man Gemüse wie Gurken und Möhren in feine Streifen; auch Sellerie und Frühlingszwiebeln, in dünne Ringe geschnitten, eignen sich. Zusätzlich noch (Räucher-)Tofu in Streifen schneiden und braten.

Dann Reispapierplatten in Wasser anfeuchten, bis sie formbar werden. Diese dann im unteren Drittel mit den vorbereiteten Zutaten belegen; für zusätzliches Aroma sorgen reichlich Koriander- und Minzeblättchen. Mit etwas Sojasoße, die nach Wunsch mit gehackter Chilischote aromatisiert wird, beträufeln. Zuerst das untere Ende der Reispapierblätter über die Füllung klappen, dann die Seiten einschlagen. Von unten zu festen Rollen aufrollen.

PHILOSOPHY

GEMÜSEWRAPS
MIT LUPINENFILET

Für 8 Stück:

200 g TK-Erbsen
Salz
40 ml Sojasahne
4 Stängel Minze
Pfeffer aus der Mühle
1 rote Paprikaschote
2 Frühlingszwiebeln
1 Handvoll Alfalfasprossen
4 Tortillawraps
200 g Lupinenfilet
1 EL Sonnenblumenöl

Zubereitungszeit:
20 Min.

1. Die Erbsen auftauen lassen. Reichlich gesalzenes Wasser in einem Topf zum Kochen bringen und die Erbsen dazugeben. Hitze reduzieren und die Erbsen im leicht köchelnden Wasser ca. 5 Minuten garen.

2. Erbsen abgießen und in einem Küchensieb gründlich abtropfen lassen. In einen hohen Rührbecher geben, die Sojasahne angießen und das Ganze fein pürieren.

3. Minze kalt abbrausen und trocken schütteln. Die Blättchen abzupfen und fein hacken. Zum Erbsenpüree geben und das Ganze mit Salz und frisch gemahlenem Pfeffer abschmecken.

4. Paprikaschote halbieren, von Kernen und weißen Innenhäuten befreien und waschen. Dann die Schote in feine Streifen schneiden. Frühlingszwiebeln waschen, putzen und in dünne Ringe schneiden.

5. Alfalfasprossen in ein Sieb geben und mit kochendem Wasser überbrühen, danach gut abtropfen lassen. Die Tortillawraps ohne die Zugabe von Fett in eine Pfanne geben und von beiden Seiten jeweils ca. 30 Sekunden erwärmen, danach warm halten.

6. Lupinenfilet in dünne Streifen schneiden. Das Sonnenblumenöl in einer Pfanne erhitzen und Lupinenfilet ca. 2 Minuten unter Wenden braten.

7. Tortillawraps mit dem Erbsenpüree bestreichen. Mit Paprikastreifen, Lupinenfilet, Frühlingszwiebeln und Sprossen belegen und fest aufrollen. Die Wraps schräg halbieren und dann in Servietten gewickelt servieren.

Tipp

Die Füllung lässt sich natürlich nach Lust und Laune variieren. Schneiden Sie z.B. zusätzlich einige grüne Salatblätter in schmale Streifen und geben Sie die auf das Erbsenpüree. Oder wie wäre es mit etwas Tomate und Gurke?

Snacks & kleine Gerichte

KLEINE PITABROTE
MIT HUMMUS

Für 12 Stück:

Für die Brote:

500 g Mehl (Type 405)

2 TL Meersalz

1 Prise brauner Rohrzucker

3 EL Olivenöl

21 g frische Hefe

Mehl für die Arbeitsfläche

Für den Hummus:

200 g Kichererbsen (Dose)

1 Knoblauchzehe

2 EL Tahin (Sesampaste)

2 EL Zitronensaft, frisch gepresst

Olivenöl

Kreuzkümmelpulver

Cayennepfeffer

Salz

Außerdem:

80 g Rucola

2 Handvoll Sprossen

Olivenöl zum Beträufeln

Zubereitungszeit:

50 Min.

Gehzeit:

1 Std.

1. Für die Brote Mehl, Salz, Zucker, Öl und 280 ml lauwarmes Wasser in eine Schüssel geben. Hefe zerbröckeln und zugeben, dann alles zu einem glatten Teig verkneten. Bei Bedarf noch etwas Wasser ergänzen. Den Teig abgedeckt an einem warmen Ort 1 Stunde gehen lassen.

2. Inzwischen für den Hummus Kichererbsen in einem Sieb abbrausen und abtropfen lassen. Knoblauch abziehen, grob hacken und zusammen mit den Kichererbsen in den Standmixer geben.

3. Tahin, Zitronensaft und 2 EL Olivenöl zu den Kichererbsen geben. Glatt pürieren und mit Kreuzkümmel, Cayennepfeffer, Salz und nach Wunsch noch mit etwas Olivenöl abschmecken.

4. Ofen auf 180 Grad Ober- und Unterhitze (160 Grad Umluft) vorheizen. Ein Backblech mit Backpapier auslegen.

5. Den Teig nach Ende der Gehzeit auf der bemehlten Arbeitsfläche kräftig durchkneten und in 12 Portionen teilen. Zu Kugeln formen, flach drücken und auf das Blech setzen. Die Brote im Ofen ca. 4 Minuten backen. Danach wenden und in weiteren 4 Minuten fertig backen. Aus dem Ofen nehmen, mit Alufolie abdecken und auskühlen lassen.

6. Rucola abbrausen, trocken tupfen und kleiner zupfen. Sprossen abbrausen und abtropfen lassen. Brote halbieren und auf die Unterhälften jeweils etwas Hummus geben. Mit Rucola und Sprossen füllen, dann leicht salzen. Die Oberhälften der Pitabrote auflegen. Mit Öl beträufelt servieren.

Tipp

Das Rezept ist eine tolle Snackidee, wenn mal Freunde kommen.

CURRY-HOTDOG

Für 4 Hotdogs:

2 Zwiebeln
Öl zum Braten
6 EL Ketchup
1 TL Currypulver
1 Msp. Chilipulver
$^1/_2$ Salatgurke
4 große vegane Bratwürste
4 Hotdog-Brötchen
Currypulver zum Bestäuben

Zubereitungszeit:
25 Min.

1. 1 Zwiebel schälen und fein würfeln. Etwas Öl in einer Pfanne erhitzen und die Zwiebelwürfel darin goldgelb braten. In eine Schüssel geben und mit Ketchup sowie Curry- und Chilipulver vermischen. 10 Minuten ziehen lassen.

2. Inzwischen übrige Zwiebel ebenfalls schälen und in feine Ringe schneiden. Etwas Öl in der Pfanne erhitzen und die Zwiebelringe darin knusprig braten. Anschließend herausnehmen und auf Küchenpapier entfetten lassen.

3. Die Gurke waschen, trocken reiben und in dünne Scheiben schneiden. Wieder etwas Öl in der Pfanne erhitzen und die Bratwürste darin bei mittlerer Hitze rundum braten. Kurz vor Bratende die Gurkenscheiben dazugeben und mitschmoren lassen.

4. Die Hotdog-Brötchen der Länge nach einschneiden; jeweils eine Längsseite nicht durchschneiden. Die Brötchen mit dem Curry-Zwiebel-Ketchup, den Bratwürsten, den geschmorten Gurkenscheiben und gebratenen Zwiebelringen füllen. Mit etwas Currypulver bestäuben und Hotdogs dann servieren.

Tipp

Diese Füllung lässt sich natürlich variieren. Auch frische Salatblätter, knackige Maiskörner oder geriebene Möhre passen toll.

Snacks & kleine Gerichte

GEMÜSECHIPS AUS DEM OFEN

Für 4 Personen:

1 Aubergine
Salz
400 g Süßkartoffeln
2 Pastinaken
4 EL Olivenöl
5 Zweige Thymian
grobes Meersalz

Zubereitungszeit:
15 Min.

Ziehzeit:
30 Min.

Garzeit:
40 Min.

1. Die Aubergine putzen, waschen und in dünne Scheiben schneiden. Von beiden Seiten mit Salz bestreuen und ca. 30 Minuten Wasser ziehen lassen. Anschließend mit Küchenpapier trocken tupfen.

2. Den Backofen auf 160 Grad Umluft vorheizen. Die Süßkartoffeln und Pastinaken schälen und dann in dünne Scheiben schneiden.

3. Ein Backblech mit Backpapier auslegen. Das vorbereitete Gemüse auf dem Blech verteilen und mit dem Olivenöl einstreichen.

4. Das Blech in den heißen Ofen schieben und die Chips ca. 40 Minuten rösten. Nach der Hälfte der Garzeit das Gemüse vorsichtig wenden.

5. In der Zwischenzeit Thymian kalt abbrausen, trocken schütteln und die Blätter von den Zweigen zupfen. Die fertigen Chips mit Meersalz würzen und mit den Thymianblättchen bestreuen.

Tipp

Gemüsechips lassen sich auch mit anderem Gemüse zubereiten. So eignen sich Zucchini oder Möhren ebenfalls. Oder man nimmt ganz klassisch Kartoffeln; einen besonderen Akzent setzen da blaue Kartoffeln.

Snacks & kleine Gerichte

GEBACKENE AUBERGINEN
MIT SAFRAN-ZITRONEN-SOSSE

Für 4 Personen:

Für die Soße:

1 Prise Safranfäden

1 Knoblauchzehe

200 g Soja-Joghurt-alternative natur

3 EL Zitronensaft, frisch gepresst

3 EL Olivenöl

Salz

Für die Auberginen:

3 Auberginen

4 EL Olivenöl

Salz

Pfeffer aus der Mühle

2 EL Pinienkerne

½ Granatapfel

1 Bd. Basilikum

Zubereitungszeit:

30 Min.

Garzeit:

25 Min.

1. Für die Safran-Zitronen-Soße Safran mit 3 EL Wasser 3–4 Minuten köcheln lassen. Knoblauch abziehen und fein hacken.
2. Safranfond und Joghurtalternative in eine Schüssel geben. Knoblauch, Zitronensaft, Olivenöl und etwas Salz dazugeben und alles mit einem Schneebesen glatt verrühren. Bis zum Servieren in den Kühlschrank stellen.
3. Den Ofen auf 220 Grad Ober- und Unterhitze (200 Grad Umluft) vorheizen. Auberginen waschen, trocken reiben und der Länge nach achteln. Rundum dünn mit Olivenöl einstreichen.
4. Die Auberginenachtel nebeneinander auf ein mit Backpapier belegtes Backblech legen. Mit Salz und frisch gemahlenem Pfeffer würzen. Das Blech in den heißen Backofen schieben und die Auberginen 25 Minuten auf der mittleren Schiene rösten. Sobald die Auberginen gebräunt sind, aus dem Ofen nehmen und das Gemüse wieder auf Zimmertemperatur abkühlen lassen.
5. Pinienkerne in einer beschichteten Pfanne ohne die Zugabe von Fett goldgelb rösten. Dabei öfter durchschwenken, damit sie nicht zu dunkel werden. Anschließend aus der Pfanne nehmen und abkühlen lassen.
6. Granatapfelkerne aus der Schale lösen, dabei die weißen Trennhäute entfernen. Basilikum vorsichtig abbrausen und trocken schütteln. Blättchen von den Stängeln zupfen.
7. Auberginen auf eine große Platte geben. Einen Teil der Safran-Zitronen-Soße über die Auberginen träufeln. Mit Pinienkernen, Granatapfelkernen und Basilikumblättern bestreuen und dann servieren. Die übrige Safran-Zitronen-Soße separat dazu reichen.

Tipp

Die Safran-Zitronen-Soße hält sich gut verschlossen im Kühlschrank ca. 5 Tage.

SAMOSAS MIT KARTOFFELN UND SPINAT

Für ca. 20 Stück:

Für den Teig:

50 g pflanzliche Margarine

250 g Mehl (Type 405)

$^1/_2$ TL Salz

Mehl für die Arbeitsfläche

Öl zum Frittieren

Für die Füllung:

600 g mehligkochende Kartoffeln, Salz

250 g Spinat

1 kleine Zwiebel

30 g frischer Ingwer

1 Bd. Koriander

2 EL pflanzliche Margarine

1 TL Kreuzkümmelsamen

1 TL Garam Masala

1 Prise Chilipulver

Zubereitungszeit: 50 Min.

Ruhezeit: 30 Min.

Garzeit: 20 Min.

1. Für den Teig die Margarine schmelzen lassen. Mit Mehl, Salz und 125 ml Wasser in eine Schüssel geben und alles vermischen. Kneten, bis ein fester Teig entstanden ist. Abdecken und ca. 30 Minuten ruhen lassen.

2. Für die Füllung die Kartoffeln waschen und in einem Topf knapp mit gesalzenem Wasser bedecken. Das Wasser erhitzen und die Kartoffeln in ca. 20 Minuten gar kochen. Den Spinat gründlich waschen, verlesen und abtropfen lassen.

3. Zwiebel und Ingwer schälen und beides fein würfeln. Koriander kalt abbrausen, trocken schütteln, die Blättchen abzupfen und hacken.

4. Die Kartoffeln nach Ende der Garzeit abgießen, abschrecken und schälen. Dann durch die Kartoffelpresse in eine Schüssel drücken.

5. Margarine in einem Topf erhitzen und die Kreuzkümmelsamen hineingeben. In ca. 1 Minute duftend rösten. Zwiebel mit Ingwer dazugeben und unter Rühren 2–3 Minuten braten.

6. Spinat, Garam Masala und Chili untermischen und kurz mitbraten. Den Topf vom Herd nehmen und Kartoffeln sowie Koriander untermischen. Die Füllung mit Salz abschmecken.

7. Den Teig in ca. 10 gleich große Stücke teilen und diese zu Kugeln formen. Auf einer bemehlten Fläche jeweils dünn und rund ausrollen, dann die Kreise halbieren. Je ca. 1 $^1/_2$ EL der Füllung mittig daraufsetzen und den Teig darüber zusammenschlagen. Die Ränder gut andrücken.

8. Öl in der Fritteuse oder in einem hohen Topf auf ca. 170 Grad erhitzen. Samosas portionsweise hineingeben und in ca. 4 Minuten goldbraun ausbacken. Auf Küchenpapier entfetten lassen und warm servieren.

Tipp

Zu diesen indischen Teigtaschen kann man beispielsweise ein fruchtiges Mangochutney oder einen Minzdip servieren.

Snacks & kleine Gerichte

ERBSENFALAFEL
MIT AVOCADODIP

Abb. Seite 35

Für 4 Personen:

Für die Falafeln:
200 g getrocknete grüne Erbsen
1 Zwiebel
1 Knoblauchzehe
1 TL Kreuzkümmelpulver
1 TL Garam Masala
1 Prise Zimtpulver
1 Prise Cayennepfeffer
1 TL Salz
1 EL Mehl
1 TL Backpulver
1 Stange junger Sellerie
50 g Spinat
Öl zum Frittieren

Für den Dip:
1 Zitrone
1 reife Avocado
125 g Soja-Joghurt-alternative natur
1 TL Olivenöl
Salz
Cayennepfeffer

Zubereitungszeit:
40 Min.

Einweichzeit:
12 Std.

Garzeit:
20 Min.

1. Für die Falafeln Erbsen in einer Schüssel mit reichlich Wasser bedecken. 12 Stunden einweichen. Danach das Erbsenwasser abgießen. Erbsen in einem Topf mit Wasser bedecken und ca. 20 Minuten kochen. Anschließend abgießen und abtropfen lassen.

2. Zwiebel und Knoblauch schälen und grob hacken. Beides mit den Erbsen in einen hohen Rührbecher geben. Kreuzkümmel mit Garam Masala, Zimt, Cayennepfeffer sowie Salz zufügen und das Ganze pürieren. Mehl, Backpulver und 100 ml Wasser zugeben. Alles nochmals aufmixen, bis ein formbarer, weicher Teig entsteht. Zum Schluss die Masse abschmecken.

3. Für den Dip die Zitrone auspressen. Avocado entsteinen und das Fruchtfleisch aus den Schalen lösen. Avocado grob würfeln und sofort mit dem Zitronensaft vermengen.

4. Avocado, Joghurtalternative und Öl in einen hohen Rührbecher geben. Mit Salz sowie Cayennepfeffer würzen und alles fein pürieren. Nochmals abschmecken und kalt stellen.

5. Sellerie waschen, putzen und in feine Scheibchen schneiden. Spinat waschen, verlesen und gut trocken tupfen.

6. In einem hohen Topf das Öl zum Frittieren auf 170 Grad erhitzen. Aus dem Falafelteig Bällchen formen und darin goldbraun ausbacken. Danach auf Küchenpapier entfetten lassen.

7. Falafeln auf Teller setzen und auf jedes Bällchen etwas Avocadocreme geben. Sellerie daraufstreuen und mit Holzspießen jeweils ca. 5 Spinatblätter auf jede Falafel spießen.

Suppen & Salate

KOKOSSUPPE

Für 4 Personen:

1 Zwiebel
2 Knoblauchzehen
30 g frischer Ingwer
2 kleine rote Chilischoten
4 Stiele Zitronengras
2 TL Erdnussöl
400 ml Kokosmilch
500 ml Gemüsebrühe
Salz
4 Kaffirlimettenblätter
500 g grüner Spargel
200 g Zuckerschoten
1 Bd. Koriander
100 g Reisnudeln

Zubereitungszeit:
40 Min.

1. Zwiebel, Knoblauch und Ingwer schälen und hacken. Chilischoten waschen und fein hacken. Zitronengras waschen, die Enden abschneiden und die Stiele in Ringe schneiden.

2. Das Erdnussöl in einem Topf erhitzen und die vorbereiteten Zutaten darin andünsten. Mit Kokosmilch und mit Gemüsebrühe ablöschen. Leicht mit Salz würzen und Kaffirlimettenblätter dazugeben. Den Deckel auflegen und die Suppe bei milder Hitze ca. 15 Minuten garen.

3. Inzwischen Spargel waschen, das untere Drittel schälen und holzige Enden abschneiden. Die Stangen in ca. 2 cm lange Stücke schneiden. Zuckerschoten waschen und in 2 cm breite Stücke schneiden.

4. Koriander mit kaltem Wasser abbrausen, trocken tupfen und die Blättchen grob hacken. In einem Topf Wasser für die Reisnudeln zum Kochen bringen.

5. Den Kokossud nach Ende der Garzeit durch ein Sieb gießen und dabei die Brühe auffangen. Kokossud zurück in den Topf geben. Spargel und Zuckerschoten zufügen und bei milder Hitze ca. 5 Minuten dünsten, bis das Gemüse gar ist, aber noch Biss hat.

6. Reisnudeln nach Packungsangabe mit dem kochenden Wasser übergießen und quellen lassen. Anschließend in ein Sieb geben, abtropfen lassen und zur Suppe geben. In Suppenschalen anrichten und mit Koriander bestreut servieren.

Suppen & Salate

HAFERMILCH-SUPPE

Für 4 Personen:

60 g Sesamsamen
1 TL Fenchelsamen
1 Zwiebel
1 Knoblauchzehe
20 g frischer Ingwer
4 EL Sojaöl
1 l Haferdrink
500 g Mangold
Salz
schwarzer Pfeffer
1 EL Speisestärke
weißer Pfeffer
Zitronensaft, frisch gepresst

Zubereitungszeit:
30 Min.

1. Sesam und Fenchelsamen in einer Pfanne ohne die Zugabe von Fett nacheinander rösten, bis die Samen duften. Dann wieder herausnehmen und abkühlen lassen.

2. Zwiebel, Knoblauch und Ingwer schälen und alles fein hacken. 2 EL Sojaöl in einem Topf erhitzen. Zwiebel, Knoblauch und Ingwer hineingeben und unter Rühren farblos andünsten. Dann den Haferdrink angießen und das Ganze bei mittlerer Hitze ca. 15 Minuten leise köcheln lassen.

3. Inzwischen den Mangold waschen und trocken tupfen. Die harten Stiele entfernen und die Blätter in Streifen schneiden. Das übrige Öl in einer Pfanne erhitzen, den Mangold zugeben und zusammenfallen lassen. Dann die Fenchelsamen zufügen und das Ganze mit Salz und schwarzem Pfeffer würzen.

4. Die Suppe fein pürieren. Stärke in ein wenig kaltem Wasser anrühren, zur Suppe geben und unter Rühren nochmals aufkochen lassen. Anschließend die Hafermilchsuppe mit Salz, weißem Pfeffer und etwas Zitronensaft abschmecken.

5. Die Suppe auf Schalen oder tiefe Teller verteilen und jeweils etwas Mangold daraufgeben. Dekorativ mit den gerösteten Sesamsamen bestreuen und die Hafermilchsuppe sofort heiß servieren.

Tipp

Auch schön cremig: eine Kartoffelcremesuppe. Dafür 750 g Kartoffeln waschen, schälen und würfeln. 2 Zwiebeln und 2 Knoblauchzehen schälen und hacken. 1 EL Olivenöl in einem Topf erhitzen und Zwiebeln mit der Hälfte des Knoblauchs darin glasig dünsten. Die Kartoffeln kurz mitdünsten. Mit 300 ml Sojadrink ablöschen und ca. 15 Minuten zugedeckt dünsten. Inzwischen 2 EL Olivenöl in einer Pfanne erhitzen und 4 in Würfel geschnittene Scheiben Vollkorntoast mit Knoblauch und 40 g Pinienkernen goldbraun rösten.

Suppe pürieren. 200 g TK-Erbsen und 250 ml Soja-Kochcreme dazugeben und das Ganze weitere 2–3 Minuten köcheln lassen. Zum Schluss je 1 gehackten Bd. Minze und Koriander einrühren und mit gerösteter Toast-Pinienkern-Mischung bestreuen.

Suppen & Salate

TOMATEN-GERSTEN-SUPPE
MIT PILZEN

Für 4 Personen:

1 Zwiebel
1 Knoblauchzehe
500 g Tomaten
250 g Gerstengraupen
1 EL Olivenöl
2 EL Tomatenmark
ca. 1 ½ l Gemüsebrühe
1 Lorbeerblatt
2 Stangen Sellerie
150 g Pilze (z. B. Egerlinge)
½ Bd. Petersilie
2 EL Zitronensaft, frisch gepresst
Salz
Pfeffer aus der Mühle

Zubereitungszeit:
25 Min.

Garzeit:
1 Std.

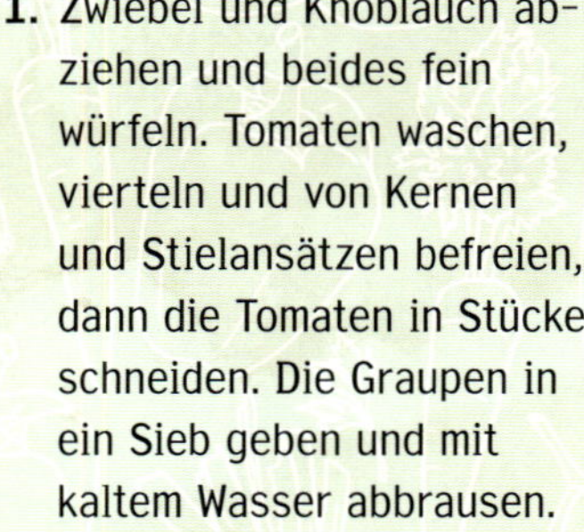

1. Zwiebel und Knoblauch abziehen und beides fein würfeln. Tomaten waschen, vierteln und von Kernen und Stielansätzen befreien, dann die Tomaten in Stücke schneiden. Die Graupen in ein Sieb geben und mit kaltem Wasser abbrausen.

2. Das Olivenöl in einem großen Topf erhitzen und Zwiebel mit Knoblauch darin unter Rühren glasig anschwitzen. Das Tomatenmark im Topf kurz mitschwitzen, dann 1 ½ l Gemüsebrühe angießen. Das Ganze aufkochen lassen.

3. Tomaten mit Graupen und Lorbeerblatt in die Suppe geben. Das Ganze unter gelegentlichem Rühren ca. 1 Stunde leise gar köcheln lassen.

4. Sellerie waschen, putzen und in Scheiben schneiden. Pilze reinigen, putzen und je nach Größe ganz lassen oder halbieren. Sellerie mit Pilzen während der letzten 20 Minuten Garzeit mit in die Suppe geben. Nach Bedarf noch etwas Gemüsebrühe nachgießen.

5. Petersilie abbrausen, trocken schütteln, die Blätter abzupfen und fein hacken. Nach Ende der Garzeit zur Suppe geben. Die Tomaten-Gersten-Suppe mit Zitronensaft, Salz und frisch gemahlenem Pfeffer abschmecken. In Suppenschüsseln oder Suppenteller füllen und heiß servieren.

Tipp

Wer diese Suppe etwas cremiger mag, nimmt kurz vor Ende der Garzeit etwa ein Viertel davon ab, püriert es und mengt das dann wieder unter.

ORIENTALISCHE LINSENSUPPE

Für 4 Personen:

350 g rote Linsen
1 kleine Zwiebel
2 Knoblauchzehen
1 grüne Paprikaschote
2 EL Olivenöl
600 ml Gemüsebrühe
1 TL Kreuzkümmelpulver
$^1/_2$ TL Korianderpulver
$^1/_2$ TL Paprikapulver rosenscharf
Salz
Pfeffer aus der Mühle
Zitronensaft, frisch gepresst
Korianderblättchen zum Garnieren

Zubereitungszeit:
20 Min.

Garzeit:
25 Min.

1. Die Linsen in ein Sieb geben und unter fließendem kaltem Wasser abbrausen. Anschließend abtropfen lassen.

2. Zwiebel und Knoblauch schälen und beides fein hacken. Paprikaschote vierteln, von Stielansatz, Kernen und weißen Innenhäuten befreien, dann waschen und in dünne Streifen schneiden.

3. Das Olivenöl in einem Topf erhitzen und Zwiebel mit Knoblauch darin andünsten. Linsen und Gemüsebrühe hinzufügen. Aufkochen und unter gelegentlichem Rühren ca. 10 Minuten leise köcheln lassen.

4. Die Paprikastreifen zur Suppe geben. 15 Minuten bei milder Hitze weiter köcheln lassen, bis die Linsen gar sind.

5. Linsensuppe mit Kreuzkümmel, Koriander und Paprikapulver würzen. Mit Salz, frisch gemahlenem Pfeffer und mit etwas frisch gepresstem Zitronensaft abschmecken. Auf Suppenteller verteilen und mit Koriander garniert servieren.

Tipp

Achten Sie darauf, dass die Suppe nicht zu lange kocht, da die Linsen sonst zerfallen. Die Garzeit von Hülsenfrüchten wie Linsen verkürzt sich, wenn sie erst kurz vor Schluss gesalzen werden.

KICHERERBSEN-SPINAT-SALAT

Für 4 Personen:

250 g getrocknete Kichererbsen
2 Schalotten
1 rote Chilischote
4 EL Olivenöl
1 TL Currypulver
100 ml Gemüsebrühe
Salz
Pfeffer aus der Mühle
Kreuzkümmelpulver
100 g Babyspinat
Zitronensaft, frisch gepresst

Zubereitungszeit:
20 Min.

Einweichzeit:
12 Std.

Garzeit:
45 Min.

1. Die Kichererbsen in reichlich kaltem Wasser für ca. 12 Stunden einweichen. Anschließend in ein Küchensieb abgießen und mit kaltem Wasser gründlich abbrausen.

2. Die Kichererbsen in einen Topf geben und mit kaltem Wasser bedecken. Aufkochen und bei milder Hitze in ca. 45 Minuten gar köcheln lassen. Danach abgießen und in einem Sieb gründlich abtropfen lassen.

3. Die Schalotten schälen und in feine Ringe schneiden. Die Chilischote waschen, der Länge nach halbieren und die Kerne entfernen. Dann die Schote in kleine Würfel schneiden.

4. 2 EL Olivenöl in einer großen Pfanne erhitzen. Schalotten und Chili hineingeben und in 2–3 Minuten unter Rühren farblos anschwitzen. Das Currypulver einrühren und kurz mit anschwitzen. Dann das Ganze mit der Gemüsebrühe ablöschen.

5. Die Brühe einmal aufkochen lassen und dann die Pfanne von der Herdplatte nehmen. Den Sud mit Salz, frisch gemahlenem Pfeffer und Kreuzkümmel abschmecken. Anschließend lauwarm abkühlen lassen.

6. Den Spinat gründlich waschen, verlesen und gut abtropfen lassen. Die Kichererbsen in eine Salatschüssel geben und den Spinat hinzufügen. Mit dem restlichen Olivenöl und der Schalotten-Brühe-Mischung vermengen und mit etwas Zitronensaft abschmecken. Dann den Kichererbsen-Spinat-Salat rasch servieren.

Tipp

Wenn man Kichererbsen aus der Dose verwendet, nimmt man 500 g; das Einweichen und Kochen entfällt. Vor der Verarbeitung einfach in ein Sieb abgießen, mit reichlich kaltem Wasser abbrausen und gut abtropfen lassen.

COUSCOUS-SALAT
MIT GEMÜSE UND MINZE

Für 4 Personen:

250 g Couscous
2 rote Zwiebeln
4 Frühlingszwiebeln
2 Fenchelknollen
2 rote Paprikaschoten
1 Gurke
1 großes Bd. Minze
30 ml Olivenöl
Saft von 1 Zitrone
Salz
Pfeffer aus der Mühle
½ TL Kreuzkümmelpulver

Zubereitungszeit:
25 Min.

1. Den Couscous in eine Schüssel geben und mit 500 ml heißem Wasser übergießen. Dann das Ganze nach Packungsanweisung ca. 10 Minuten quellen lassen.

2. In der Zwischenzeit die Zwiebeln abziehen und fein würfeln. Frühlingszwiebeln putzen, kalt waschen und in Ringe schneiden. Fenchel waschen, putzen, halbieren und diese Stücke in dünne Streifen zerteilen.

3. Paprikaschoten halbieren und von weißen Innenhäuten und Kernen befreien. Dann die Schoten waschen und in Würfel schneiden. Die Gurke schälen und der Länge nach vierteln, dann in Stücke schneiden. Minze mit kaltem Wasser abbrausen, trocken schütteln, die Blätter abzupfen und klein schneiden.

4. Couscous mit einer Gabel auflockern und in eine Salatschüssel geben. Das vorbereitete Gemüse dazugeben und alles behutsam vermengen.

5. Olivenöl und Zitronensaft zum Couscous geben und den Salat mit Salz, frisch gemahlenem Pfeffer sowie Kreuzkümmel abschmecken. Zum Schluss die Minze unterheben.

Tipp

Der Salat schmeckt auch lauwarm gut. Besonders lecker ist er aber vor allem im Sommer, wenn alle Zutaten gut gekühlt sind.

ZUCCHINI-SPAGHETTI MIT TOMATEN

Für 4 Personen:

500 g Zucchini
2 Avocados
3 EL Limettensaft, frisch gepresst
5 Tomaten
½ Bd. Dill
4 EL Olivenöl
3 EL Reisessig
2 EL Sojasoße
Salz
Pfeffer aus der Mühle
1 Prise Chilipulver
4 EL schwarze Sesamsamen
8 Limettenspalten (unbehandelt)

Zubereitungszeit:
30 Min.

1. Zucchini waschen, trocken reiben und die Enden abschneiden. Danach die Zucchini mithilfe eines Spiralschneiders in feine lange Spaghetti-Streifen schneiden.

2. Avocados halbieren, die Steine entfernen und die Früchte schälen. Dann das Fruchtfleisch in ca. 2 cm große Würfel schneiden und mit dem Limettensaft beträufeln.

3. Die Tomaten waschen, halbieren und die Stielansätze herausschneiden. Tomaten vierteln, Kerne entfernen und Fruchtfleisch klein würfeln. Den Dill abbrausen und trocken schütteln, dann die Spitzen abzupfen und fein hacken.

4. Zucchinispaghetti mit Avocadowürfeln, Tomaten und Dill in eine Salatschüssel geben. Olivenöl, Reisessig und Sojasoße verrühren und dann mit dem Gemüse vermengen. Das Ganze mit Salz, frisch gemahlenem Pfeffer und Chilipulver abschmecken.

5. Zucchinispaghetti auf Teller verteilen und mit dem Sesam bestreuen. Mit Limettenspalten garnieren und servieren.

Tipp

Mit einem Spiralschneider lassen sich nicht nur Zucchini toll in Form bringen, auch Möhren, Gurken oder Rettich bekommen so mal eine ganz andere Optik.

HIRSESALAT
MIT GEBACKENEM KÜRBIS UND LIMETTENDRESSING

Für 4 Personen:

Für den Salat:
200 g Hirse
450 ml Gemüsebrühe
2 rote Paprikaschoten
3 Schalotten
1 Bd. Koriander
2 Limetten (unbehandelt)
3 EL Olivenöl
Salz
Pfeffer aus der Mühle

Für den Kürbis:
1 Hokkaidokürbis (ca. 1 kg)
30 g pflanzliche Margarine
7 Anissterne
5 Stangen Zimt
grobes Meersalz
Pfeffer aus der Mühle

Zubereitungszeit:
35 Min.

Garzeit:
30 Min.

1. Für den Salat die Hirse in ein Sieb geben, abbrausen und abtropfen lassen. Die Gemüsebrühe in einem Topf zum Kochen bringen. Die Hirse einrühren und nach Packungsanweisung in ca. 30 Minuten gar kochen. Anschließend mit einer Gabel auflockern.

2. Für den Kürbis den Backofen auf 200 Grad Ober- und Unterhitze (180 Grad Umluft) vorheizen. Kürbis waschen, halbieren und die Kerne mit einem Löffel entfernen. Das ungeschälte Fruchtfleisch in schmale Spalten schneiden.

3. Den Kürbis auf einem mit Backpapier ausgelegten Backblech verteilen. Margarine schmelzen und den Kürbis damit einstreichen. Anissterne und Zimtstangen auf dem Blech verteilen und den Kürbis mit Salz und Pfeffer bestreuen.

4. Das Blech in den heißen Ofen schieben und den Kürbis auf der mittleren Schiene ca. 25 Minuten garen. Nach der Hälfte der Garzeit wenden. Der Kürbis ist fertig, wenn er sich leicht einstechen lässt.

5. Für den Salat die Paprikaschoten halbieren und von Kernen und weißen Innenhäuten befreien. Die Schoten waschen in kleine Würfel schneiden. Schalotten abziehen und ebenfalls in feine Würfel schneiden.

6. Koriander waschen, trocken schütteln und die Blätter hacken. Limetten heiß waschen, trocken reiben und die Schale fein abreiben. Limetten halbieren und den Saft auspressen.

7. Olivenöl mit Limettensaft und -schale verquirlen. Hirse in eine Salatschale geben und mit Paprika, Schalotten und Koriander vermengen. Das Dressing darübergeben und den Salat mit Salz und mit frisch gemahlenem Pfeffer abschmecken. Dazu den Kürbis servieren.

ROTE-BETE-SALAT MIT ERBSEN

Für 4 Personen:

250 g Rote Bete
250 g Rote Ringelbete (Tondo di Chioggia)
Salz
200 g TK-Erbsen
1 rote Zwiebel
6 Stängel Koriander
6 Stängel glatte Petersilie
5 Stängel Minze
1 Handvoll Brunnenkresse
1 Handvoll Babyspinat
4 EL Weißweinessig
2 TL mittelscharfer Senf
1 TL brauner Rohrzucker
50 ml mildes Olivenöl
Pfeffer aus der Mühle
1 reife Avocado

Zubereitungszeit:
25 Min.

Garzeit:
35 Min.

1. Rote Bete und Rote Ringelbete waschen, putzen und ungeschält in einen Topf geben. Mit leicht gesalzenem Wasser bedecken, aufkochen und ca. 35 Minuten garen. Nach Ende der Garzeit die Knollen aus dem Wasser heben und abkühlen lassen. Danach schälen und in Scheiben schneiden; dabei unbedingt Küchenhandschuhe tragen, da die Knollen stark färben!

2. Erbsen in einem Sieb auftauen lassen. Dann gesalzenes Wasser zum Kochen bringen und die Erbsen darin ca. 5 Minuten blanchieren. In ein Sieb abgießen, in Eiswasser abschrecken und abtropfen lassen.

3. Zwiebel abziehen und in dünne Ringe schneiden. Koriander, Petersilie, Minze und Brunnenkresse kalt waschen, trocken schütteln und die Blätter von den Stängeln zupfen. Spinat gründlich waschen, verlesen und abtropfen lassen.

4. Essig mit Senf und Zucker glatt verrühren. 40 ml Olivenöl in einem dünnen Strahl einlaufen lassen und das Ganze zu einem Dressing verschlagen. Mit Salz und frisch gemahlenem Pfeffer würzen.

5. Das übrige Olivenöl in einer Pfanne erhitzen. Rote Bete, Rote Ringelbete und Zwiebel darin unter gelegentlichem Schwenken ca. 5 Minuten braten. Mit Salz und frisch gemahlenem Pfeffer würzen.

6. Kräuter, Spinat und Erbsen mit dem vorbereiteten Dressing vermengen. Das Gemüse in der Pfanne etwas abkühlen lassen und zusammen mit dem Kräuter-Erbsen-Salat auf Tellern anrichten. Avocado halbieren, vom Stein befreien, das Fruchtfleisch im Ganzen aus der Schale heben. Avocado in Streifen schneiden. Auf dem Salat anrichten und dann sofort servieren.

MEDITERRANE WIRSING-BROT-SUPPE

Abb. Seite 51

Für 4 Personen:

600 g Wirsing
50 g Pinienkerne
1 Zwiebel
2 Knoblauchzehen
1 Zweig Rosmarin
1 Msp. Kümmel
6 EL Olivenöl
$^1/_2$ TL Paprikapulver edelsüß
1 EL Tomatenmark
100 ml Weißwein
1 l Gemüsebrühe
300 g Ciabatta
1 Bd. Basilikum
250 ml Soja-Kochcreme Cuisine
Salz
Pfeffer aus der Mühle

Zubereitungszeit:
40 Min.

Garzeit:
20 Min.

1. Vom Wirsing die äußeren Blätter entfernen. Wirsing halbieren und den Strunk keilartig herausschneiden. Wirsing waschen, abtropfen lassen und in grobe Stücke schneiden.

2. Pinienkerne in eine kleine Pfanne geben und rösten. Dabei häufig durchschwenken, damit die Kerne nicht zu dunkel werden. Danach herausnehmen und auskühlen lassen.

3. Zwiebel und Knoblauch abziehen und würfeln. Rosmarin abbrausen und trocken schwenken. Die Nadeln vom Zweig streifen und hacken. Kümmel ebenfalls hacken.

4. In einem Topf 4 EL Olivenöl erhitzen und Zwiebel mit Knoblauch darin hellbraun anschwitzen. Kümmel, Rosmarin, Paprikapulver und die Hälfte der Pinienkerne kurz mitschwitzen.

5. Das Tomatenmark mit in den Topf geben und unter Rühren kurz anschwitzen lassen. Dann mit Weißwein ablöschen. Wirsing hinzugeben und alles mit der Gemüsebrühe auffüllen. Bei milder Hitze 20 Minuten köcheln lassen.

6. Inzwischen den Backofen auf 190 Grad Ober- und Unterhitze (170 Grad Umluft) vorheizen. Ciabatta in grobe Stücke schneiden und mit dem übrigen Öl beträufeln. Auf ein mit Backpapier belegtes Blech geben und im Ofen in ca. 10 Minuten goldbraun rösten. Dabei einmal wenden.

7. Basilikum kalt abbrausen und trocken schütteln. Blättchen von den Stängeln zupfen und grob kleiner schneiden. Kochcreme in die Suppe geben und das Ganze nochmals aufkochen lassen. Mit Salz und Pfeffer abschmecken.

8. Die Suppe auf 4 Suppenteller verteilen. Mit Brotwürfeln und Basilikum bestreuen und dann rasch heiß servieren.

Hauptgerichte aus Pfanne & Topf

STEINPILZ-RISOTTO

Für 4 Personen:

40 g getrocknete Steinpilze
1 kleine Zwiebel
8 Stängel Petersilie
3 EL pflanzliche Margarine
350 g Risottoreis
100 ml trockener Weißwein
500 ml Gemüsebrühe, heiß
1 EL Sojasahne
Salz
Pfeffer aus der Mühle

Zubereitungszeit:
45 Min.

1. Steinpilze kurz, aber kräftig unter fließendem kaltem Wasser abspülen. In lauwarmem Wasser einweichen, am besten in einem durchsichtigen Gefäß. Das Wasser soll dabei eine dunkelbraune Farbe bekommen. Die Zwiebel schälen und in kleine Würfel schneiden. Petersilie kalt abbrausen, trocken schütteln und die Blättchen fein hacken.

2. 1 EL Margarine in einen Topf geben und schmelzen lassen. Zwiebelwürfel zugeben und darin bei mittlerer Hitze glasig dünsten. Risottoreis dazugeben und auch diesen unter Rühren glasig dünsten.

3. Pilze aus dem Einweichwasser nehmen und abtropfen lassen, dann grob klein schneiden. Zum Reis geben und das Ganze mit etwas Einweichwasser ablöschen. Vorsicht: Sand, der sich eventuell auf dem Boden des Gefäßes abgesetzt hat, sollte in diesem zurückbleiben!

4. Den Reis mit Weißwein ablöschen und die Flüssigkeit unter ständigem Rühren bei mittlerer Hitze bis auf etwa ein Drittel einreduzieren lassen. Dann nach und nach schöpflöffelweise Gemüsebrühe zugeben und einkochen lassen. Dabei sehr häufig umrühren. So lange Gemüsebrühe angießen, bis der Reis bissfest ist.

5. Wenn der Reis bissfest ist, restliche Margarine und Sojasahne unterrühren. Das Ganze noch kurz weiterköcheln lassen und dann mit Salz und frisch gemahlenem Pfeffer abschmecken. Zum Schluss die gehackte Petersilie unterrühren und das Steinpilzrisotto sofort servieren.

Tipp

Die cremige Konsistenz des Risottos entsteht dadurch, dass durch das häufige Rühren Stärke aus dem Reis gelöst wird.

LINSENREIS
MIT TOFUSCHNITTEN

Für 4 Personen:

60 g braune Linsen
700 g schnittfester Tofu natur
5 EL dunkle Sojasoße
80 g Wildreis
200 g Naturreis
Salz
4 Stängel Dill
120 ml Soja-Kochcreme
Pfeffer aus der Mühle
etwas Zitronensaft, frisch gepresst
3 EL Sojaöl
4 EL helle Sesamsamen
1 EL Olivenöl

Zubereitungszeit:
30 Min.

Einweichzeit:
12 Std.

Ziehzeit:
2 Std.

Garzeit:
35 Min.

1. Linsen in einen Topf oder eine Schüssel geben und mit ca. 3 l Wasser bedecken. 12 Stunden einweichen lassen.

2. Den Tofu in eine Schüssel geben. Sojasoße zugeben und den Tofu darin wenden. Anschließend abdecken und für mindestens 2 Stunden ziehen lassen.

3. Nach Ende der Einweichzeit die Linsen mit dem Wildreis in ein Sieb geben und mit kaltem Wasser abbrausen. Anschließend mit dem Naturreis in einen Topf geben und ca. 1 l leicht gesalzenes Wasser angießen.

4. Das Wasser aufkochen und Linsen sowie Reis in ca. 35 Minuten bissfest garen. Ab und zu umrühren und vor allem gegen Ende der Garzeit prüfen, ob noch etwas Wasser angegossen werden muss.

5. Dill abbrausen und trocken schütteln. Von 2 Stängeln die Fähnchen abzupfen und beiseitelegen, den Rest fein hacken. Gehackten Dill in einer Schüssel mit Soja-Kochcreme glatt rühren. Die Soße mit Salz, frisch gemahlenem Pfeffer sowie Zitronensaft abschmecken.

6. Den Tofu aus der Marinade nehmen und trocken tupfen. Sojaöl in einer Pfanne erhitzen und Tofu darin von beiden Seiten 4–5 Minuten goldbraun anbraten. Sesam auf einen flachen Teller geben und den Tofu nach dem Braten darin wälzen.

7. Olivenöl unter den fertig gegarten Linsenreis rühren und mit Salz abschmecken. Den Sesamtofu in längliche Stücke schneiden und mit Linsenreis und Dillsoße auf Tellern anrichten. Mit dem beiseitegelegten Dill garnieren und dann servieren.

AUBERGINEN-GEMÜSE MIT PFIFFERLINGEN

Für 4 Personen:

4 Auberginen (à ca. 300 g)
1 kleine Zwiebel
2 Knoblauchzehen
2 Fleischtomaten
1 Möhre
2 EL Olivenöl
1/2 Knolle Sellerie
1/2 dünne Stange Lauch
1 1/2 l Gemüsebrühe
2 Lorbeerblätter
150 g Pfifferlinge
6 Stängel Petersilie
Salz
Pfeffer aus der Mühle

Zubereitungszeit:
50 Min.

1. Auberginen waschen, trocken reiben und die Enden abschneiden. Die Auberginen grob würfeln. Zwiebel schälen und hacken. Knoblauch abziehen und durch eine Presse drücken.

2. Die Tomaten oben einritzen und mit kochendem Wasser überbrühen. Häuten, Stielansätze entfernen und das Fruchtfleisch grob klein schneiden. Möhre schälen und hobeln.

3. Olivenöl in einer Pfanne erhitzen. Die Auberginen hineingeben und rundum kräftig anbraten. Hitze reduzieren, Zwiebel dazugeben und anschwitzen. Den Knoblauch zufügen. Tomaten und Möhre unterrühren und das Ganze ca. 10 Minuten dünsten. Dabei ab und zu umrühren.

4. In der Zwischenzeit Sellerie schälen und klein schneiden oder raspeln. Den Lauch putzen, kalt waschen und in Ringe schneiden.

5. Gedünstetes Gemüse in einen großen Topf umfüllen und mit der Gemüsebrühe aufgießen. Lorbeerblätter, Sellerie und Lauch zugeben. Das Ganze erhitzen und ca. 10 Minuten bei milder Hitze köcheln lassen.

6. Inzwischen die Pfifferlinge gründlich reinigen; dabei nach Möglichkeit nur wenig Wasser verwenden, da sie sonst verwässern. Petersilie abbrausen, trocken schütteln und die Blättchen sehr fein hacken.

7. Pfifferlinge und Petersilie nach Ende der Garzeit unter das Gemüse mischen und erwärmen lassen. Das Auberginengemüse mit Salz und mit frisch gemahlenem Pfeffer abschmecken. Vor dem Servieren die Lorbeerblätter entfernen.

QUINOA-RATATOUILLE-PFANNE

Für 4 Personen:

125 g Quinoa
400 ml Gemüsebrühe
je 1 rote, grüne und gelbe Paprikaschote
250 g Zucchini
200 g Cocktailtomaten
2 Knoblauchzehen
3 Stängel Oregano
80 g Walnüsse
4 EL Olivenöl
Salz
Pfeffer aus der Mühle

Zubereitungszeit:
30 Min.

Garzeit:
20 Min.

1. Quinoa in einen Topf geben. Die Gemüsebrühe dazugeben, erhitzen und Quinoa nach Packungsanweisung ca. 20 Minuten garen.

2. Paprikaschoten halbieren und von Kernen sowie weißen Innenhäuten befreien. Die Schoten waschen und in mundgerechte Stücke schneiden.

3. Zucchini waschen und putzen. Dann der Länge nach halbieren und in Scheiben schneiden. Tomaten abbrausen, dann eine Hälfte halbieren und die andere Hälfte ganz lassen. Knoblauch schälen und fein würfeln. Oregano kalt abbrausen, trocken schütteln und die Blättchen hacken. Walnüsse grob hacken.

4. Olivenöl in einer großen Pfanne auf mittlere Hitze erwärmen. Walnüsse darin kurz anrösten. Dann mit einer Schaumkelle aus der Pfanne nehmen und auf einen Teller geben. Anschließend Paprika und Zucchini in das Öl geben und 2–3 Minuten anbraten.

5. Knoblauch, gehackten Oregano und alle Tomaten mit in die Pfanne geben. Unter häufigem Rühren noch einige Minuten schmoren lassen. Anschließend das Gemüse mit Salz und mit frisch gemahlenem Pfeffer abschmecken.

6. Gegarten Quinoa locker unter das Gemüse mengen. Quinoa-Ratatouille-Pfanne vor dem Servieren nochmals abschmecken.

Tipp

Natürlich lässt sich dieses Rezept beliebig erweitern oder abwandeln. Sind noch andere Gemüsereste im Kühlschrank, können die hier natürlich toll verarbeitet werden. Ein noch stärkeres mediterranes Aroma geben Oliven, die man kurz vor Ende der Garzeit mit in die Pfanne gibt.

ORECCHIETTE MIT LINSEN

Für 4 Personen:

1 große weiße Zwiebel
2 Stängel Salbei
10 getrocknete Aprikosen
1 TL Kreuzkümmelsamen
2 EL Olivenöl
200 g rote Linsen
400 g stückige Tomaten (Dose)
250 ml Gemüsebrühe
1 Bd. Petersilie
500 g Orecchiette aus Hartweizengrieß
Salz
Pfeffer aus der Mühle
2 TL Zitronensaft, frisch gepresst

Zubereitungszeit:
30 Min.

Garzeit:
25 Min.

1. Die Zwiebel schälen und in feine Würfel schneiden. Den Salbei abbrausen, trocken schütteln und die Blättchen grob hacken. Die Aprikosen klein würfeln.

2. In einem großen Topf den Kreuzkümmel bei mittlerer Hitze 1 Minute leicht anrösten, bis er duftet. Das Olivenöl dazugeben und erhitzen, dann Zwiebelwürfel und Aprikosen hineingeben. Einmal umrühren und alles zugedeckt 5 Minuten dünsten.

3. Rote Linsen in ein Sieb geben, mit kaltem Wasser abbrausen und abtropfen lassen, dann mit gehacktem Salbei, stückigen Tomaten und Gemüsebrühe zur Zwiebelmischung geben. Alles durchrühren.

4. Die Linsenbolognese 20–25 Minuten leise köcheln lassen, dabei ab und zu umrühren. In der Zwischenzeit Petersilie kalt abbrausen, trocken schütteln und die Blätter fein hacken.

5. Orecchiette nach Packungsangabe in reichlich gesalzenem Wasser nicht ganz bissfest garen. Anschließend in ein Sieb abgießen, abtropfen lassen und zurück in den Topf geben.

6. Linsenbolognese mit Salz, frisch gemahlenem Pfeffer und Zitronensaft abschmecken. Petersilie unterrühren und die Soße mit den Nudeln vermengen. Noch ca. 1 Minute bei mittlerer Hitze durchziehen lassen und dann servieren.

Tipp

Am Anfang der Garzeit der Nudeln sollte man diese ab und zu kurz durchrühren, damit sie nicht zusammenkleben.

Hauptgerichte aus Pfanne & Topf

KARTOFFEL-KÜCHLEIN

Für 4 Personen:

500 g rohe mehligkochende Kartoffeln

500 g gekochte Kartoffeln vom Vortag

100 g Mehl (Type 550)

1 EL Speisestärke

1 Msp. Muskatnuss, frisch gerieben

Salz

Pfeffer aus der Mühle

Sonnenblumenöl zum Braten

Mehl für die Hände

Zubereitungszeit:
35 Min.

1. Die rohen Kartoffeln schälen und auf der Küchenreibe fein raspeln. Die gekochten Kartoffeln nach Bedarf noch schälen, dann durch eine Presse in eine große Schüssel drücken.

2. Rohe und gekochte Kartoffeln mischen. 1 EL lauwarmes Wasser, Mehl, Stärke und Muskatnuss dazugeben und mit Salz und frisch gemahlenem Pfeffer würzen. Alles zu einem groben Teig verarbeiten.

3. Reichlich Öl in einer tiefen Pfanne erhitzen. Die Hände leicht bemehlen. Mit einem Esslöffel portionsweise Kartoffelteig abnehmen und auf die Handfläche geben, dann zu Würfeln formen.

4. Kartoffelküchlein in das heiße Öl setzen und von allen Seiten hellbraun ausbacken. Die Kruste sollte schön knusprig, das Innere noch weich sein. Küchlein warm halten, bis der ganze Teig ausgebacken ist.

Tipp

Und dazu? Am besten einen knackigen gemischten Salat. Wer mag, serviert außerdem noch einen erfrischenden Kräuterdip dazu. Dafür je 8 Stängel Basilikum, Kerbel und Petersilie abbrausen, trocken tupfen und die Blättchen sehr fein hacken. 1 Bd. Schnittlauch kalt abbrausen, trocken schütteln und in feine Röllchen schneiden. Kresse von 1 Beet abschneiden, in einem Küchensieb abbrausen und abtropfen lassen. 250 g Soja-Joghurtalternative natur mit 1 TL Limettensaft, 1 EL Olivenöl und 1 TL Senf glatt verrühren und die Kräuter untermengen. Mit Salz und frisch gemahlenem Pfeffer würzig abschmecken.

Hauptgerichte aus Pfanne & Topf

SPAGHETTI
MIT TEMPEH-BOLOGNESE

Für 4 Personen:

75 g TK-Erbsen, Salz
1 Zwiebel
2 Knoblauchzehen
100 g Knollensellerie
1 Möhre
50 g getrocknete Soft-Tomaten
4 EL Olivenöl
2 EL Tomatenmark
ca. 200 ml Gemüsebrühe
800 g stückige Tomaten (Dose)
500 g Spaghetti aus Hartweizengrieß
250 g Tempeh
2 EL Sojasoße
$^{1}/_{2}$ Bd. Petersilie
2 EL Zitronensaft, frisch gepresst
1 Prise brauner Rohrzucker
Pfeffer aus der Mühle

Zubereitungszeit:
35 Min.

Garzeit:
20 Min.

1. Erbsen auftauen lassen. Gesalzenes Wasser in einem Topf aufkochen, die Erbsen zugeben und die Hitze etwas reduzieren. Die Erbsen in ca. 5 Minuten bissfest garen. Danach in ein Sieb abgießen, eiskalt abschrecken und abtropfen lassen.

2. Zwiebel und Knoblauch abziehen und beides hacken. Sellerie und Möhre schälen und klein würfeln. Getrocknete Tomaten ebenfalls klein schneiden.

3. 2 EL Olivenöl in einem Topf erhitzen und Zwiebel mit Knoblauch darin anschwitzen. Sellerie, Möhre und Tomaten zugeben und alles ca. 5 Minuten dünsten.

4. Das Tomatenmark kurz mit anschwitzen. Mit 200 ml Brühe ablöschen und die stückigen Tomaten zufügen. Bei milder Hitze unter gelegentlichem Rühren ca. 20 Minuten köcheln lassen. Nach Bedarf noch etwas Brühe ergänzen.

5. In der Zwischenzeit gesalzenes Wasser für die Nudeln in einem Topf zum Kochen bringen. Die Nudeln darin nach Packungsangabe bissfest garen.

6. Tempeh fein zerbröckeln. Übriges Olivenöl in einer Pfanne erhitzen und Tempeh darin in ca. 5 Minuten goldbraun braten. Sojasoße dazugeben.

7. Petersilie abbrausen, trocken schütteln und die Blätter fein hacken. Ein wenig zum Garnieren zurückbehalten, den Rest unter die Gemüsesoße mischen. Tempeh und Erbsen dazugeben. Die Soße mit Zitronensaft, Zucker, Salz und frisch gemahlenem Pfeffer abschmecken.

8. Nudeln nach Ende der Garzeit in ein Sieb abgießen und gut abtropfen lassen. Dann auf Teller verteilen. Die Tempeh-Bolognese darübergeben, mit der restlichen Petersilie bestreuen und servieren.

GEMÜSEPFANNE
MIT FRISCHEN KRÄUTERN

Für 4 Personen:

1 Knoblauchzehe
1 Stange Lauch
1 Kartoffel
1 grüne Paprikaschote
1 rote Paprikaschote
500 g Tomaten
1 Möhre
1 Gurke
250 g Bambussprossen (Glas)
1 Bd. Dill
4 Stängel Kerbel
4 Stängel Estragon
½ Zweig Rosmarin
2 EL Olivenöl
Salz
Pfeffer aus der Mühle
Muskatnuss, frisch gerieben
Paprikapulver edelsüß

Zubereitungszeit:
40 Min.

1. Knoblauch schälen und fein hacken. Lauch putzen, gründlich waschen und in Ringe schneiden. Kartoffel waschen, schälen und in kleine Würfel schneiden.

2. Paprikaschoten waschen, vierteln, von Kernen sowie weißen Innenhäuten befreien und dann in feine Streifen schneiden. Die Tomaten waschen, von den Stielansätzen befreien und achteln.

3. Möhre schälen und grob raspeln oder in feine Streifen schneiden. Gurke schälen und würfeln. Sprossen in ein Küchensieb abgießen und abtropfen lassen.

4. Die frischen Kräuter kalt abbrausen und trocken schütteln. Die Dillfähnchen von den Stängeln abzupfen, eine Hälfte nur grob, die andere fein hacken. Die Kerbel- und Estragonblättchen abzupfen und hacken, Rosmarinnadeln abstreifen und ebenfalls hacken.

5. Olivenöl in einer großen Pfanne erhitzen. Knoblauch, Lauch und Kartoffel dazugeben und unter häufigem Rühren bei mittlerer Hitze anbraten.

6. Nach ca. 10 Minuten Paprika, Tomaten und Möhre zugeben und weitere 5 Minuten garen. Danach Bambussprossen zugeben und weitere 5 Minuten unter Rühren garen. Gurkenwürfel zugeben, Hitze etwas reduzieren und das Gemüse 5 Minuten schmoren, bis alles bissfest ist.

7. Gemüse mit Salz, frisch gemahlenem Pfeffer, frisch geriebener Muskatnuss und etwas Paprikapulver abschmecken. Die gehackten Kräuter über das Gemüse streuen und unterrühren. Dann die Gemüsepfanne heiß servieren.

Hauptgerichte aus Pfanne & Topf

THAILÄNDISCHES CURRY MIT GEMÜSE UND TOFU

Für 4 Personen:

3 Schalotten
2 Knoblauchzehen
3 getrocknete rote Chilischoten
7 Thai-Auberginen (Miniauberginen aus dem Asia-Markt)
350 g schnittfester Tofu natur
200 g Zuckerschoten
150 g Shiitakepilze
½ Mango
6 Kaffirlimettenblätter
4 Stiele Zitronengras
3 EL Erdnussöl
1 TL Koriandersamen
1 TL Kreuzkümmelsamen
½ TL Kurkumapulver
400 ml Kokosmilch
Sojasoße
Saft von 1 Limette

Zubereitungszeit:
35 Min.

1. Schalotten und Knoblauch abziehen und hacken. Chilischoten im Mörser zerstoßen. Die Auberginen waschen und trocken reiben. Die Enden abschneiden, Auberginen der Länge nach je nach Größe halbieren oder vierteln und dann in Stücke schneiden.

2. Tofu in Würfel schneiden. Zuckerschoten waschen, abtropfen lassen und putzen. Pilze reinigen, putzen und klein schneiden. Mango schälen, vom Stein befreien und das Fruchtfleisch dann in kleine Würfel schneiden.

3. Kaffirlimettenblätter waschen und in dünne Streifen schneiden. Zitronengras waschen, die holzigen Enden sowie die äußeren Blätter abschneiden und die Stiele in hauchdünne Röllchen schneiden.

4. Erdnussöl in einer Pfanne erhitzen. Koriander- und Kreuzkümmelsamen hineingeben und unter Rühren kurz anrösten. Schalotten, Knoblauch, Chilis und Kurkumapulver hinzufügen und unter Rühren kurz anschwitzen.

5. Auberginen, Tofu, Zuckerschoten und Pilze in die Pfanne geben. Dann die Hälfte der Limettenblätter und das Zitronengras hinzufügen und das Ganze unter Rühren 3–4 Minuten braten.

6. Das Gemüse mit der Kokosmilch ablöschen. Die Mangowürfel unterrühren und alles einmal aufkochen lassen. Zum Schluss das Curry mit Sojasoße und Limettensaft abschmecken. In Schalen verteilen und mit den restlichen Kaffirlimettenblättern bestreuen. Heiß servieren.

Tipp

Und dazu am besten feinen Jasminreis servieren.

SEITAN-FRIKADELLEN

Für 4 Personen:

1 Zwiebel

4 Stängel glatte Petersilie

100 g Seitanpulver

25 g Paniermehl

1 TL gekörnte Gemüsebrühe

1/2 TL Paprikapulver edelsüß

1/2 TL Knoblauchgranulat

Salz

Pfeffer aus der Mühle

2 TL Ketchup

1 TL scharfer Senf

2 TL Sojasoße

3 EL Rapsöl

300 g Champignons

100 g Babyspinat

3 EL Olivenöl

Zubereitungszeit: 40 Min.

Ziehzeit: 30 Min.

1. Die Zwiebel schälen und fein würfeln. Petersilie abbrausen, trocken schütteln und die Blättchen hacken. Zwiebel und Petersilie mit Seitanpulver, Paniermehl, gekörnter Brühe, Paprikapulver und Knoblauchgranulat vermischen. Mit Salz und mit frisch gemahlenem Pfeffer würzen.

2. Ketchup mit Senf, Sojasoße und 150 ml Wasser glatt rühren und mit der Seitanmischung zu einem glatten Teig kneten. Daraus dann 8 Frikadellen formen.

3. Das Rapsöl in einer kalten Pfanne verteilen und die Seitan-Frikadellen darin wenden. Dann erst die Pfanne erhitzen und die Frikadellen bei mittlerer Temperatur von allen Seiten braten, bis sie leicht gebräunt sind.

4. Die Frikadellen mit 70 ml Wasser ablöschen und den Deckel auflegen. Vom Herd nehmen und 30 Minuten ziehen lassen.

5. In der Zwischenzeit die Champignons mit Küchenpapier reinigen, die Stielenden abschneiden und die Pilze in Scheibchen schneiden. Den Spinat gründlich waschen und verlesen, dann nur ganz leicht abtropfen lassen.

6. Olivenöl in einer Pfanne erhitzen und die Champignons darin braten. Mit Salz und mit Pfeffer würzen. Den noch nassen Spinat zu den Pilzen geben und unter Rühren zusammenfallen lassen.

7. Die Seitan-Frikadellen zu Pilzen und Spinat geben. 5 Minuten erhitzen und dann rasch heiß servieren.

Tipp

Und dazu? Super passt beispielsweise ein cremiges Kartoffelpüree oder auch ein herzhafter Kartoffel-Möhren-Stampf.

GEMÜSE-BURGER

Für 4 Burger:

Für die Patties:

50 ml Sojadrink natur
75 g Haferflocken
1 TL Salz
1 TL Currypulver
2 EL Mehl
4 EL Rapsöl
2 Kartoffeln
2 Möhren
1 Zucchini
1 EL Kürbiskerne

Für die Burger:

150 g gemischter Salat (z. B. Radicchio, Endivien- und Friséesalat)
1 kleine Gurke
6 EL Soja-Joghurtalternative natur
2 EL scharfer Senf
1 TL brauner Rohrzucker
1 TL Zitronensaft, frisch gepresst
Salz
4 vegane Burgerbrötchen

Zubereitungszeit: 40 Min.

Quell- und Garzeit: 30 Min.

1. Für die Patties Sojadrink erhitzen. 50 g Haferflocken, Salz, Currypulver, Mehl und 1 EL Öl dazugeben und alles gut verrühren. Ca. 30 Minuten quellen und auskühlen lassen.

2. Inzwischen Kartoffeln in einen Topf mit Wasser geben und in ca. 20 Minuten gar kochen. Danach abgießen, schälen und durch eine Presse drücken.

3. Möhren schälen, Zucchini waschen und putzen. Beides fein raspeln und zu den Kartoffeln geben. Kürbiskerne grob hacken und mit den Kartoffeln vermengen. Dann Haferflocken- und Kartoffelmischung gründlich vermischen.

4. Für die Burger Salat waschen, putzen, trocknen und kleiner zupfen. Gurke waschen, trocknen und in Scheiben schneiden. Joghurtalternative mit Senf, Zucker, Zitronensaft und etwas Salz verrühren. Abschmecken und noch kurz durchziehen lassen.

5. Aus der Kartoffelmasse für die Patties mit feuchten Händen 4 Bratlinge formen und in den übrigen Haferflocken wenden. Die Patties im übrigen Öl von jeder Seite 3–4 Minuten goldbraun braten.

6. Burgerbrötchen halbieren und auf die unteren Hälften etwas Salat geben. Jeweils mit 1 EL Soße beträufeln, 1 Pattie darauflegen und mit übrigem Salat und den Gurkenscheiben belegen. Restliche Joghurtsoße darüberträufeln und die Brötchendeckel auflegen. Mit einem Spießchen fixieren und Burger servieren.

ZUCCHINI-SPAGHETTI

MIT CASHEWSOSSE UND GEMÜSE

Für 4 Personen:

1 Möhre
150 g Kohlrabi
5 Radieschen
1 kleine rote Paprikaschote
150 g Brokkoli
100 g TK-Erbsen
1 Zucchini
Salz
300 g Spaghetti aus Hartweizengrieß
250 ml Mandeldrink
125 g Cashewnüsse
2 EL Hefeflocken
1 EL Dijonsenf
3 EL Zitronensaft, frisch gepresst
weißer Pfeffer
Currypulver

Zubereitungszeit:
35 Min.

1. Möhre schälen, der Länge nach vierteln und in kleine Stücke schneiden. Kohlrabi schälen und in kleine Würfel schneiden. Die Radieschen kalt waschen, putzen und in dünne Scheibchen schneiden.

2. Paprikaschote halbieren und von Kernen und weißen Innenhäuten befreien. Die Schote waschen und in kleine Würfel schneiden. Brokkoli waschen und abtropfen lassen. Putzen und dann in Röschen teilen.

3. Die Erbsen in ein Küchensieb geben und antauen lassen. Zucchini waschen, putzen und mit dem Spiralschneider in lange Spaghetti-Streifen schneiden.

4. Für die Nudeln in einem großen Topf reichlich gesalzenes Wasser zum Kochen bringen. Spaghetti hineingeben und nach Packungsangabe bissfest garen. Nach 5 Minuten Garzeit das vorbereitete Gemüse dazugeben und mitkochen lassen.

5. Den Mandeldrink erwärmen. Cashewnüsse mit Hefeflocken, Senf, der Hälfte des Zitronensaftes und mit dem warmen Mandeldrink in den Standmixer geben und das Ganze fein pürieren. Mit Salz, weißem Pfeffer, Curry und nach Wunsch noch mit ein wenig Zitronensaft abschmecken.

6. Die Nudeln und das Gemüse nach Ende der Garzeit in ein Sieb abgießen und gründlich abtropfen lassen. Vorsichtig mit der Cashewsoße vermengen und dann auf Tellern anrichten. Sofort servieren.

GRÜNES GEMÜSECURRY

Für 4 Personen:

Für die Currypaste:
1 Schalotte
1 Knoblauchzehe
1 grüne Chilischote
2 cm Korianderwurzel
2 cm frischer Galgant
½ Bd. Koriander
1 TL Koriandersamen
½ TL Kreuzkümmelpulver
Salz

Für das Gemüse:
2 Möhren
2 Zwiebeln
400 g grüne Bohnen
Salz
400 g Brokkoli
1 rote Paprikaschote
250 g Pak Choi
150 g Shiitakepilze
250 g Babymais (Glas)
2 EL Erdnussöl
400 ml Kokosmilch
Sojasoße

Zubereitungszeit:
40 Min.

1. Für die Currypaste Schalotte und Knoblauch abziehen und würfeln. Chili waschen und putzen, dabei nach Wunsch entkernen, dann klein schneiden.

2. Korianderwurzel und Galgant waschen, putzen und in Stücke schneiden. Korianderstängel abbrausen, trocken schütteln und die Blättchen abzupfen.

3. Schalotte, Knoblauch und Chili mit Korianderwurzel, Galgant, Korianderblättchen und -samen in den Mörser geben. Kreuzkümmel und etwas Salz hinzufügen und alles zu einer Würzpaste zerstoßen.

4. Für das Gemüse Möhren und Zwiebeln schälen, die Möhren in Stifte und die Zwiebeln in Streifen schneiden. Bohnen waschen, putzen, halbieren und in kochendem Salzwasser ca. 3 Minuten blanchieren. Dann abgießen, eiskalt abschrecken und abtropfen lassen.

5. Brokkoli waschen, putzen, in Röschen teilen und in einem Sieb abtropfen lassen. Die Paprikaschote waschen, halbieren, von Kernen und weißen Innenhäuten befreien und in Stücke schneiden. Pak Choi waschen, putzen und in Streifen schneiden. Shiitakepilze putzen und in Scheiben schneiden. Mais in einem Sieb kurz abbrausen und abtropfen lassen.

6. Das Öl im Wok oder in einer großen Pfanne erhitzen. Die Möhren mit Zwiebeln dazugeben und ca. 2 Minuten anschwitzen. Das restliche vorbereitete Gemüse dazugeben und unter ständigem Rühren weitere 2–3 Minuten braten.

7. Currypaste kurz unter Rühren mitschwitzen und die Kokosmilch angießen. Das Curry ca. 5 Minuten leise köcheln lassen, bis das Gemüse gar, aber noch knackig ist. Mit etwas Sojasoße abschmecken und dann das Curry servieren.

Tipp

Korianderwurzel erhält man im Asia-Laden; hier ist sie an den frischen Korianderstängeln oft noch mit dran.

Hauptgerichte aus Pfanne & Topf

PILZPFANNE
MIT MARONEN UND SELLERIEPÜREE

Abb. Seite 71

Für 4 Personen:

600 g Knollensellerie
Salz
500 g gemischte Waldpilze (alternativ Champignons)
2 Zwiebeln
180 g blanchierte Maronen (vakuumverpackt)
1/2 Bd. Petersilie
4 EL Olivenöl
Muskatnuss, frisch gerieben
2 EL Rapsöl
2 EL Walnussöl
Pfeffer aus der Mühle

Zubereitungszeit:
40 Min.

1. Den Sellerie schälen und in Würfel schneiden. In einen Topf geben und knapp mit leicht gesalzenem Wasser bedecken. Den Deckel auflegen, erhitzen und bei milder Hitze in ca. 10 Minuten weich kochen.

2. Inzwischen Pilze putzen, reinigen und bei Bedarf kleiner schneiden. Zwiebeln abziehen, halbieren und in feine Streifen schneiden. Maronen grob hacken. Petersilie abbrausen, trocken schütteln und die Blättchen hacken.

3. Sellerie nach Ende der Garzeit abgießen, abtropfen lassen und dabei das Kochwasser auffangen. Sellerie mit Olivenöl fein pürieren. Falls das Püree zu fest wird, ein wenig aufgefangenes Kochwasser untermixen, sodass das Ganze schön cremig wird. Mit Salz und mit frisch geriebener Muskatnuss abschmecken, dann das Püree warm halten.

4. Raps- und Walnussöl in einer Pfanne erhitzen. Die Zwiebeln und die Pilze darin unter gelegentlichem Schwenken leicht gebräunt braten, bis die ganze Flüssigkeit verdampft ist.

5. Die Maronen zu den Pilzen geben und erhitzen. Dann die Pilzpfanne mit Salz und frisch gemahlenem Pfeffer würzen. Mit Petersilie bestreuen und dann mit dem Selleriepüree servieren.

Tipp

Frische Pilze sollten nicht lange im Wasser liegen, da sie sich sonst damit vollsaugen und Aroma verlieren. Wildpilze reinigt man vorsichtig unter fließendem Wasser am besten mit einer Bürste, bei Kulturpilzen reicht es meist aus, sie mit einem weichen Pinsel oder Küchenpapier trocken oder nur leicht feucht zu reinigen.

Hauptgerichte aus dem Ofen

BLUMENKOHL-MAIS-GRATIN

Für 4 Personen:

1 großer Blumenkohl
Salz
200 g Maiskörner (Dose)
3 EL Sojadrink natur
2 EL Hefeflocken
Pfeffer aus der Mühle
Currypulver
Muskatnuss, frisch gerieben
Pflanzenöl für die Form

Zubereitungszeit:
20 Min.

Garzeit:
25 Min.

1. Den Blumenkohl waschen, putzen, abtropfen lassen und in Röschen teilen. Reichlich gesalzenes Wasser in einem großen Topf zum Kochen bringen und den Blumenkohl darin ca. 10 Minuten blanchieren. Anschließend abgießen und in einem Küchensieb abtropfen lassen.

2. Ofen auf 180 Grad Ober- und Unterhitze (160 Grad Umluft) vorheizen. Den Mais in ein Sieb geben, mit kaltem Wasser abbrausen und gründlich abtropfen lassen. In einen hohen Rührbecher geben und mit dem Stabmixer möglichst fein pürieren.

3. Sojadrink und Hefeflocken unter den pürierten Mais rühren. Dann die Mischung mit Salz, frisch gemahlenem Pfeffer, Currypulver und etwas frisch geriebener Muskatnuss würzig abschmecken.

4. Eine ausreichend große Auflaufform mit Öl ausstreichen. Den Blumenkohl darin verteilen und die Maiscreme darübergeben. Die Form in den heißen Backofen stellen und den Blumenkohl auf der mittleren Schiene ca. 15 Minuten überbacken. Anschließend herausnehmen, kurz ausdampfen lassen und dann rasch heiß servieren.

Tipp

Lecker schmeckt das Gratin auch, wenn man die Hälfte des Blumenkohls durch Romanesco oder Brokkoli ersetzt.

FENCHEL-KARTOFFEL-AUFLAUF MIT NUSS-ORANGEN-KRUSTE

Für 4 Personen:

300 g Kartoffeln
500 g Fenchel
Salz
1 Knoblauchzehe
30 g pflanzliche Halbfettmargarine
100 g Walnüsse
1 Orange (unbehandelt)
150 g Soja-Kochcreme Cuisine
50 g Soja-Joghurt-alternative natur
100 g Paniermehl
Pfeffer aus der Mühle

Zubereitungszeit:
40 Min.

Garzeit:
40 Min.

1. Kartoffeln waschen und ungeschält in einen Topf geben. Mit Wasser bedecken, erhitzen und in ca. 20 Minuten gar kochen. Dann abgießen, schälen und in ca. 1 cm dicke Scheiben schneiden.

2. Fenchel waschen, putzen und längs in ca. 1 cm dicke Scheiben schneiden. In einem kleinen Topf etwas gesalzenes Wasser erhitzen und den Fenchel darin bei milder Hitze 3 Minuten garen. Danach mit einer Schaumkelle herausheben und ausdampfen lassen.

3. Den Ofen auf 210 Grad Ober- und Unterhitze (190 Grad Umluft) vorheizen. Knoblauch abziehen, halbieren und eine Gratinform damit ausreiben. Dann die Form mit Margarine fetten. Den Fenchel und die Kartoffeln dachziegelartig in die Form einlegen.

4. Walnüsse grob hacken. Orange heiß waschen und trocken reiben. Die Schale dünn abraspeln und den Saft auspressen. Kochcreme, Joghurtalternative, Paniermehl, Nüsse sowie Orangenschale und -saft glatt verrühren. Das Ganze mit Salz und mit frisch gemahlenem Pfeffer würzen und die Masse über Fenchel und Kartoffeln geben.

5. Den Fenchel-Kartoffel-Auflauf in den heißen Ofen schieben und auf der mittleren Schiene 15–20 Minuten goldbraun überbacken. Nach Garzeitende herausnehmen, kurz ausdampfen lassen und dann rasch heiß servieren.

OFENGEMÜSE MIT NUSSSAHNE

Für 4 Personen:

150 g Cashewnüsse
Saft von 1 Zitrone
500 g Schwarzwurzeln
Salz
1 TL brauner Rohrzucker
800 g blaue Kartoffeln
400 g Spinat
Muskatnuss, frisch gerieben
5 Stängel Oregano
1 Stange Lauch
4 EL Olivenöl
Rauchsalz
Pfeffer aus der Mühle
2 Knoblauchzehen
3 TL geschrotete Leinsamen
2 TL Ahornsirup
frischer Oregano zum Garnieren

Zubereitungszeit: 45 Min.

Einweichzeit: 12 Std.

Garzeit: 55 Min.

1. Cashews in einer Schale mit Wasser bedecken und 12 Stunden einweichen.

2. 2 EL Zitronensaft in einer Schüssel mit Wasser auffüllen. Schwarzwurzeln schälen und sofort hineingeben. Wenn alle Wurzeln geschält sind, in einem Topf mit gesalzenem Wasser bedecken. Zucker zugeben und aufkochen. Bei mittlerer Hitze in ca. 15 Minuten bissfest garen. Danach abschrecken und abtropfen lassen.

3. Kartoffeln waschen, mit leicht gesalzenem Wasser in einem Topf bedecken und 10 Minuten vorkochen. Dann abgießen, schälen und in ca. 15 mm dicke Scheiben schneiden.

4. Spinat waschen und abtropfen lassen. Gesalzenes Wasser erhitzen und Spinat darin ca. 1 Minute blanchieren. In ein Sieb abgießen, abschrecken und abtropfen lassen. Zusätzlich noch gut ausdrücken. Mit Salz und Muskatnuss würzen.

5. Oregano waschen und trocknen. Blätter abzupfen und mit dem Spinat vermengen. Lauch putzen, waschen und in Ringe schneiden.

6. Den Ofen auf 180 Grad Ober- und Unterhitze (160 Grad Umluft) vorheizen. Eine Auflaufform mit Öl fetten und Schwarzwurzeln, Kartoffeln, Spinat und Lauch einschichten. Mit Rauchsalz und Pfeffer würzen und im heißen Ofen ca. 30 Minuten backen.

7. Cashews abgießen und cremig pürieren. Knoblauch schälen und hacken. Mit Leinsamen und Sirup zu den Cashews geben und alles aufmixen. Falls die Masse zu fest ist, etwas Wasser untermischen. Mit übrigem Zitronensaft, Rauchsalz und Pfeffer würzen.

8. Nusssahne in Kleksen auf dem Auflauf verteilen. Mit dem übrigen Öl beträufeln und weitere 25 Minuten überbacken. Mit Oregano bestreut servieren.

Tipp

Beim Schälen der Schwarzwurzeln sollten Küchenhandschuhe getragen werden, da sie färben und einen milchigen Film auf den Händen hinterlassen können.

AUBERGINEN-MÖHREN-AUFLAUF

Für 4 Personen:

pflanzliche Margarine für die Form
5 Zweige Thymian
1 Zwiebel
2 Knoblauchzehen
600 g Auberginen
Salz
400 g Möhren
2 EL pflanzliche Margarine
40 g Mehl (Type 550)
500 ml Haferdrink
Pfeffer aus der Mühle
Muskatnuss, frisch gerieben
100 g geriebener schmelzfähiger veganer Käse

Zubereitungszeit:
30 Min.

Garzeit:
30 Min.

1. Den Ofen auf 200 Grad Ober- und Unterhitze (180 Grad Umluft) vorheizen. Eine Auflaufform mit Margarine ausfetten.

2. Thymian mit kaltem Wasser abbrausen, trocken schütteln und die Blättchen von den Zweigen streifen. Die Zwiebel und den Knoblauch abziehen und beides in feine Würfel schneiden.

3. Auberginen waschen, trocken reiben und die Enden abschneiden. Auberginen der Länge nach vierteln und dann in ca. 2 cm dicke Stücke schneiden. Mit Salz bestreuen und Wasser ziehen lassen. Möhren schälen und grob raspeln.

4. Margarine in einen Topf geben und schmelzen lassen. Zwiebel mit Knoblauch zugeben und glasig dünsten. Das Mehl durch ein Sieb darüberstäuben, einrühren und aufschäumen lassen. Dann nach und nach unter ständigem Rühren mit dem Schneebesen den Haferdrink angießen.

5. Die Soße unter Rühren ca. 5 Minuten cremig einköcheln lassen. Mit Salz, frisch gemahlenem Pfeffer und frisch geriebener Muskatnuss abschmecken. Den Käse unterrühren und kurz schmelzen lassen.

6. Auberginen mit Küchenpapier abtupfen, dann mit den Möhren in die vorbereitete Auflaufform geben. Mit der Soße übergießen und in den heißen Ofen schieben. Den Auberginen-Möhren-Auflauf auf der mittleren Schiene ca. 30 Minuten backen.

Tipp

Ein schmelzfähiger veganer Käse besteht meist aus Hefe, aus einer Mischung aus Kokosöl und Kartoffelstärke oder aus Margarine und Sojamilch bzw. Sojadrink.

REISAUFLAUF MIT MANGOLD UND WALNÜSSEN

Für 4 Personen:

200 g Risottoreis
Salz
300 g Mangold
1 große Zwiebel
4 Stängel Dill
60 g Walnüsse
150 g Seidentofu
200 ml Sojasahne
5 EL Soja-Joghurt-alternative natur
Pfeffer aus der Mühle
pflanzliche Margarine für die Form
1 EL Rapsöl

Zubereitungszeit:
30 Min.

Garzeit:
55 Min.

1. Den Reis in einen Topf geben und mit reichlich gesalzenem Wasser bedecken. Dann erhitzen und den Reis in ca. 20 Minuten sehr bissfest garen. Anschließend in ein Sieb abgießen und gründlich abtropfen lassen.

2. Mangold putzen, mit kaltem Wasser waschen und abtropfen lassen. Die Stiele in dünne Streifen schneiden und die Blätter klein hacken. Zwiebel abziehen und fein würfeln. Dill kalt abbrausen und trocken schütteln, die Spitzen abzupfen und hacken. Walnüsse grob hacken.

3. Seidentofu grob zerkleinern und in einen hohen Rührbecher geben. Mit dem Stabmixer fein pürieren. Sojasahne und Soja-Joghurtalternative hinzufügen und unterrühren. Mit Salz und frisch gemahlenem Pfeffer abschmecken, dann den Dill unterrühren.

4. Den Ofen auf 180 Grad Ober- und Unterhitze (160 Grad Umluft) vorheizen. Eine große Auflaufform mit Margarine fetten.

5. Rapsöl in einer Pfanne erhitzen und Zwiebel darin glasig anschwitzen. Dann die Mangoldstiele dazugeben und ca. 2 Minuten mitdünsten. Anschließend die Pfanne wieder vom Herd ziehen und die Mischung ein wenig abkühlen lassen.

6. Die gedünsteten Mangoldstiele mit Mangoldblättern, den Nüssen und dem Reis vermischen. Dann das Ganze in die vorbereitete Auflaufform geben und mit der Tofu-Sahne-Mischung übergießen.

7. Den Auflauf in den vorgeheizten Ofen schieben und auf der mittleren Schiene ca. 35 Minuten backen. Danach kurz ausdampfen lassen und dann rasch heiß servieren.

Hauptgerichte aus dem Ofen

KARTOFFEL-AUFLAUF
MIT SEITAN

Für 4 Personen:

800 g Kartoffeln
Salz
2 TL Kümmel
250 g Seitan
2 Zwiebeln
5 EL Olivenöl
Pfeffer aus der Mühle
80 ml Sojadrink natur

Zubereitungszeit:
40 Min.

Garzeit:
40 Min.

1. Kartoffeln waschen und in einem Topf mit Wasser bedecken. Reichlich salzen und den Kümmel zugeben. Das Wasser zum Kochen bringen und Kartoffeln in ca. 25 Minuten gar kochen. Danach abgießen und etwas abkühlen lassen.

2. In der Zwischenzeit Seitan trocken tupfen und in schmale Streifen schneiden. Zwiebeln schälen und hacken. Den Backofen auf 210 Grad Ober- und Unterhitze (190 Grad Umluft) vorheizen.

3. 4 EL Olivenöl in einer Pfanne erhitzen und die Zwiebeln darin glasig dünsten. Seitanstreifen hinzufügen. Unter Rühren 5 Minuten braten, bis der Seitan leicht gebräunt ist. Dann das Ganze kräftig mit Salz und frisch gemahlenem Pfeffer abschmecken.

4. Kartoffeln schälen und zu Püree zerstampfen. Übriges Olivenöl und Sojadrink erhitzen und unter das Püree rühren. Mit Salz und frisch gemahlenem Pfeffer würzig abschmecken.

5. Seitan in eine Auflaufform geben und das Püree darüber verteilen. In den heißen Ofen schieben und ca. 15 Minuten gratinieren.

Tipp

Für Frische sorgt als Beilage zu diesem unkomplizierten Kartoffelauflauf mit Seitan ein knackiger grüner Salat.

TOFUPÄCKCHEN
MIT MANGOCHUTNEY

Für 4 Personen:

400 g schnittfester Tofu
1 Stange Sellerie
4 EL Mangochutney
1 EL Rosinen
Dill zum Garnieren

Zubereitungszeit:
25 Min.

Garzeit:
35 Min.

1. Den Ofen auf 160 Grad Ober- und Unterhitze (140 Grad Umluft) vorheizen. Tofu in 8 Scheiben aufschneiden. Die Selleriestange putzen, kalt waschen und auf die Länge der Tofuscheiben zuschneiden. Anschließend längs in dünne Streifen schneiden.

2. Die Tofuscheiben auf einer Seite mit dem Mangochutney bestreichen und Rosinen darüberstreuen. Jeweils 2 Scheiben Tofu mit je einem Viertel der Selleriestreifen zu 4 Sandwiches zusammensetzen. In Pergamentpapier einpacken und dann die Enden des Papiers mit Küchengarn zusammenbinden.

3. Diese Päckchen auf einen Rost oder ein Backblech setzen. In den heißen Ofen schieben und auf der mittleren Schiene ca. 35 Minuten garen.

4. Nach Ende der Garzeit die Tofupäckchen aus dem Ofen nehmen und auf vier Teller setzen. Das Pergamentpapier etwas öffnen, den Tofu mit ein wenig Dill garnieren und anschließend die Päckchen sofort noch heiß servieren.

Tipp

Mangochutney lässt sich auch wunderbar selbst machen. Dafür das Fruchtfleisch von 1 reifen Mango würfeln und mit 1 TL Zitronensaft beträufeln. 1/2 Zwiebel hacken, 2 Knoblauchzehen durchpressen und ein walnussgroßes Stück Ingwer fein würfeln. 1/2 Stiel Zitronengras putzen und sehr fein würfeln. 1 rote Chilischote ebenfalls putzen und sehr klein schneiden.

75 g braunen Rohrzucker mit 1 TL Wasser in einem Topf erhitzen. Wenn der Zucker Blasen wirft, Zwiebel, Knoblauch, Ingwer, Zitronengras und Chili zugeben und bei milder Hitze 5 Minuten dünsten. Mango untermengen und 5 Minuten weiterdünsten. Dann je 1/2 TL zerstoßene Pfeffer-, Piment- und Korianderkörner zugeben. Mangochutney mit ca. 1 EL hellem Essig und etwas Salz abschmecken. Vor dem Servieren kalt werden lassen.

Tipp

Als Beilage passen zu diesem unkomplizierten Gericht beispielsweise gedünsteter Pak Choi und Duftreis.

Hauptgerichte aus dem Ofen

MOUSSAKA

Für 4 Personen:

1 Aubergine
Salz
30 g Pinienkerne
2 Handvoll frische Basilikumblätter
ca. 100 ml Olivenöl
Pfeffer aus der Mühle
etwas Zitronensaft
1 EL pflanzliche Margarine
1 EL Mehl
250 ml Sojadrink natur
Muskatnuss, frisch gerieben
500 g mehligkochende Kartoffeln
400 g stückige Tomaten (Dose)
1 Zwiebel
1 Knoblauchzehe
3 Zweige Thymian
1 EL Balsamicoessig
1 TL brauner Rohrzucker

Zubereitungszeit:
45 Min.

Garzeit:
40 Min.

1. Aubergine waschen, putzen und in ca. 1 cm dicke Scheiben schneiden. Salzen und zur Seite stellen. Die Pinienkerne in einer Pfanne ohne Fettzugabe goldgelb rösten, danach auskühlen lassen.

2. Basilikum abbrausen und trocknen. Mit den Pinienkernen pürieren. Ca. 6 EL Olivenöl untermixen, sodass eine cremige Masse entsteht. Mit Salz, Pfeffer und mit Zitronensaft abschmecken.

3. Margarine in einem Topf schmelzen. Mehl darüberstäuben und einrühren. Sojadrink unter Rühren angießen und alles ca. 5 Minuten leise köcheln lassen. Soße mit Salz, Pfeffer und Muskatnuss würzen.

4. Ofen auf 200 Grad Ober- und Unterhitze (180 Grad Umluft) vorheizen. Kartoffeln schälen, grob raspeln und gut ausdrücken. Ein Blech mit Backpapier belegen und vier ofenfeste Garnierringe mit ca. 10 cm Durchmesser daraufsetzen. Je 1–2 Auberginenscheiben hineinlegen und mit etwas Öl einstreichen. Darauf jeweils 2 EL stückige Tomaten geben. Kartoffeln mit der Soße vermengen und auf die Förmchen aufteilen. 2 EL Tomaten daraufgeben.

5. Das Pesto auf die Tomaten geben, mit den übrigen Auberginen belegen und mit Öl bestreichen. Moussaka im Ofen ca. 40 Minuten backen.

6. Zwiebel und Knoblauch abziehen und hacken. Im übrigen Öl dünsten, dann die restlichen Tomaten zugeben. Thymianblätter abzupfen, in die Soße geben und alles 10 Minuten köcheln lassen. Mit Salz, Pfeffer, Essig und Zucker würzen. Moussaka auf Teller setzen, den Ring abziehen und mit der Soße anrichten.

ROSENKOHL-SÜSSKARTOFFEL-AUFLAUF

Für 4 Personen:

1 Zwiebel
2 Knoblauchzehen
500 g Rosenkohl
500 g Süßkartoffeln
1 Zweig Rosmarin
6 EL Olivenöl
500 ml Soja-Koch-creme Cuisine
1 EL Speisestärke
Salz
Pfeffer aus der Mühle
2 kleine Brötchen vom Vortag

Zubereitungszeit:
30 Min.

Garzeit:
20 Min.

1. Zwiebel und Knoblauch abziehen, dann beides hacken. Rosenkohl waschen, putzen und halbieren. Süßkartoffeln schälen, waschen und in Würfel mit ca. 3 cm Kantenlänge schneiden. Rosmarin abbrausen und trocken schütteln. Nadeln abzupfen und fein hacken.

2. In einer Pfanne 3 EL Olivenöl erhitzen. Die Zwiebel und die Hälfte des Knoblauchs darin anschwitzen. Rosenkohl, Süßkartoffeln und die Hälfte des gehackten Rosmarins dazugeben und das Ganze ca. 4 Minuten anbraten. Dabei ab und zu durchrühren.

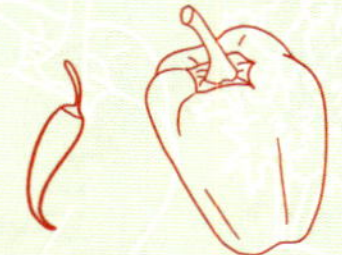

3. Den Ofen auf 175 Grad Ober- und Unterhitze (155 Grad Umluft) vorheizen. Kochcreme zum Gemüse gießen und 2 Minuten köcheln lassen. Stärke mit etwas Wasser glatt rühren und die Soße damit binden. Noch einmal kurz aufkochen lassen, dann mit Salz und Pfeffer abschmecken. Das Gemüse in eine Auflaufform geben.

4. Die Brötchen grob zerkleinern. Dann mit übrigem Knoblauch, Rosmarin und Olivenöl in den Mörser oder in den Standmixer geben. Ein wenig Salz und frisch gemahlenen Pfeffer hinzufügen und das Ganze zu groben Bröseln verarbeiten.

5. Die Brösel über dem Gemüse in der Form gleichmäßig verteilen und den Auflauf in den heißen Backofen schieben. Auf der mittleren Schiene in ca. 20 Minuten fertig garen. Nach Ende der Garzeit kurz ausdampfen lassen und dann rasch heiß servieren.

Tipp

Rosenkohl ist ein beliebtes und sehr gesundes Wintergemüse. Die kleinen Röschen sind die Blattknospen am Strunk einer Kohlpflanze. Der Geschmack ist kräftig und wird süßlicher, wenn die Pflanzen Frost abbekommen haben.

GEMÜSE-RAGOUT MIT SÜSSKARTOFFELHAUBE

Abb. Seite 99

Für 4 Personen:

250 g Süßkartoffeln
Salz
2 Zwiebeln
1 Knoblauchzehe
150 g Knollensellerie
2 Pastinaken
2 Möhren
120 g braune Linsen
2 EL Rapsöl
1 EL Tomatenmark
ca. 250 ml Gemüsebrühe
400 g passierte Tomaten (Dose)
Pfeffer aus der Mühle
80 ml Sojasahne
1 EL pflanzliche Margarine
Muskatnuss, frisch gerieben
100 g schnittfester Tofu natur

Zubereitungszeit:
45 Min.

Garzeit:
50 Min.

1. Süßkartoffeln schälen, waschen und in einem Topf mit leicht gesalzenem Wasser bedecken. Erhitzen und in ca. 30 Minuten gar kochen. Nach Ende der Garzeit die Süßkartoffeln abgießen, ausdampfen lassen und zerstampfen. Warm halten.

2. Während die Süßkartoffeln garen, Zwiebeln mit Knoblauch, Sellerie, Pastinaken und Möhren schälen. Zwiebeln und Knoblauch fein hacken, das übrige Gemüse in Scheiben oder Würfel schneiden. Linsen in einem Sieb kalt abbrausen und abtropfen lassen.

3. In einer Pfanne das Öl erhitzen und Zwiebeln, Knoblauch, Sellerie, Pastinaken und Möhren dazugeben. Das Ganze 1–2 Minuten anschwitzen. Das Tomatenmark einrühren und alles mit 250 ml Gemüsebrühe ablöschen.

4. Linsen unter das Gemüse mengen, dann die passierten Tomaten einrühren. Das Ragout unter gelegentlichem Rühren ca. 30 Minuten bei milder Hitze köcheln lassen. Nach Bedarf noch etwas Gemüsebrühe ergänzen. Zum Schluss mit Salz und frisch gemahlenem Pfeffer abschmecken.

5. Den Ofen auf 200 Grad Ober- und Unterhitze (180 Grad Umluft) vorheizen. Die Sojasahne erhitzen und mit der Margarine unter den Süßkartoffelstampf mengen. Mit Salz, frisch gemahlenem Pfeffer und frisch geriebener Muskatnuss würzen.

6. Das Gemüseragout nach Ende der Garzeit in eine Pieform oder in eine runde Auflaufform füllen. Den Tofu in Scheiben schneiden und darauf verteilen. Den Süßkartoffelstampf darauf glatt streichen und dann in den heißen Ofen schieben. Auf der mittleren Schiene in ca. 20 Minuten goldbraun überbacken.

Süßes

ANANAS-SOJA-MOUSSE

Für 4 Personen:

500 g vollreife Ananas
100 ml Kokosmilch
150 ml Sojadrink natur
6 vegane Vollkornkekse
4 TL Löwenzahnsirup
2 EL Kokosflocken

Zubereitungszeit:
20 Min.

1. Ananas schälen und das Fruchtfleisch in kleine Stücke schneiden. Zusammen mit Kokosmilch und Sojadrink in den Standmixer geben und das Ganze fein pürieren.
2. Die Vollkornkekse in einen Frischhaltebeutel geben und diesen fest verschließen. Dann die Kekse mithilfe eines Nudelholzes zerbröseln.
3. Das Ananaspüree in 4 vorgekühlte Gläser geben. Mit den Keksbröseln bestreuen und den Löwenzahnsirup über die Brösel träufeln. Zum Schluss mit Kokosflocken garnieren und die Ananas-Soja-Mousse sofort servieren.

Tipp

Auch lecker und exotisch: Kürbis-Kokos-Creme im Asia-Style. Dafür 100 g Kürbisfruchtfleisch würfeln und mit 500 ml Wasser pürieren. 125 g braunen Rohrzucker sowie nach und nach 50 g Reismehl unterrühren. Mischung in einem Topf erhitzen und 2–3 Minuten unter Rühren kochen. Hitze reduzieren und 15 Minuten leise köcheln lassen, dabei immer wieder umrühren. 4 Dessertschalen zwei Drittel hoch mit der Creme füllen und abkühlen lassen.

25 g Tapiokamehl mit 2–3 EL Kokosmilch anrühren. 180 ml Kokosmilch mit 1 Prise Salz und 50 g Reismehl in einem Topf verrühren. Aufkochen, Tapiokamehlmischung unterrühren und bei starker Hitze 2 Minuten kochen. Hitze reduzieren und unter Rühren weitere 5 Minuten köcheln lassen. Kokoscreme auf die Kürbiscreme geben.

Creme im Kühlschrank in ca. 2 Stunden fest werden lassen. 25 g kandierte Mango in feine Streifen schneiden und Creme damit garnieren.

Tipp

Eine noch exotischere und leicht pikante Note bekommt dieses Dessert, wenn man ein kleines Stück Ingwer schält und zusammen mit der Ananas püriert.

Süßes

SÜSSER SCHWARZER REIS MIT ANANAS

Für 4 Personen:

250 g schwarzer Klebreis

400 ml Kokosmilch

50 g brauner Rohrzucker

4 Kardamomkapseln

1 Babyananas

Zubereitungszeit:
20 Min.

Einweichzeit:
2 Std.

Garzeit:
1 Std.

1. Den schwarzen Klebreis unter fließendem kaltem Wasser in einem Küchensieb gut durchspülen. In eine Schüssel geben, mit reichlich kaltem Wasser bedecken und den Reis mindestens 2 Stunden einweichen lassen.

2. Nach Ende der Einweichzeit den schwarzen Reis in ein Sieb abgießen und nochmals gründlich waschen. Mit 100 ml Wasser, Kokosmilch und braunem Zucker in einen Topf geben. Die Kardamomkapseln zerstoßen und dazugeben.

3. Den Reis bei starker Hitze zum Kochen bringen. Danach die Hitze reduzieren und mit geschlossenem Deckel bei milder Hitze ca. 1 Stunde leise köcheln lassen. Den Reis während der Kochzeit gelegentlich umrühren. Der Reis ist gar, wenn er noch ganz leichten Biss hat und die Flüssigkeit fast vollständig aufgesogen wurde.

4. Die Babyananas schälen, vierteln und den festen Strunk entfernen. Dann das Fruchtfleisch längs in möglichst dünne Scheiben schneiden.

5. Nach Ende der Garzeit den Reis auf kleine Schälchen verteilen und die Ananas dekorativ darauf anrichten. Dann sofort servieren.

Tipp

Schwarzer Reis wird vor allem in Japan und in Thailand angebaut. Es handelt sich um einen Naturreis, dessen schwarze Schale nicht abgeschliffen wird. Aufgrund seines nussigen Aromas wird er besonders gerne für die Zubereitung von Desserts verwendet.

HIMBEER-POLENTA-AUFLAUF

Für 4 Personen:

500 ml Sojadrink natur

80 g brauner Rohrzucker

150 g Polenta (Maisgrieß)

pflanzliche Margarine für die Form

150 g Seidentofu

150 g Soja-Joghurtalternative natur

500 g Himbeeren

50 g pflanzliche Margarine, weich

2 EL Vanillezucker

Puderzucker zum Bestäuben

Zubereitungszeit:

45 Min.

Garzeit:

20 Min.

1. Sojadrink mit braunem Zucker in einen Topf geben und aufkochen. Hitze etwas reduzieren und Polenta unter ständigem Rühren einstreuen. Unter Rühren ca. 5 Minuten quellen lassen. Anschließend vom Herd ziehen und abkühlen lassen.

2. Den Ofen auf 200 Grad Ober- und Unterhitze (180 Grad Umluft) vorheizen. Eine Auflaufform mit Margarine ausfetten.

3. Seidentofu in einen tiefen Teller geben und mit einer Gabel fein zerkleinern. Die Joghurtalternative dazugeben und das Ganze mit dem Stabmixer pürieren. Himbeeren kalt abbrausen, trocken tupfen und dann verlesen.

4. Die weiche Margarine mit Vanillezucker in eine Rührschüssel geben und mit den Quirlen des Handrührgerätes schaumig rühren. Zuerst die Polenta löffelweise unterziehen, dann die pürierte Seidentofu-Joghurt-Mischung. Die Masse in die vorbereitete Auflaufform füllen.

5. Himbeeren auf dem Auflauf verteilen und das Ganze in den heißen Ofen schieben. Himbeer-Polenta-Auflauf auf der mittleren Schiene in ca. 30 Minuten goldbraun backen. Anschließend herausnehmen und kurz ausdampfen lassen. Mit Puderzucker bestäuben und warm servieren.

Tipp

Natürlich lässt sich dieser süße Auflauf auch mit anderen Beeren oder mit gemischten Beeren zubereiten.

BEERENSALAT
MIT ROSA PFEFFER

Für 4 Personen:

je 75 g Erdbeeren, Himbeeren, Rote Johannisbeeren, Heidelbeeren und Brombeeren

1 Vanilleschote

Muskatnuss, frisch gerieben

1 EL brauner Rohrzucker

1 TL geschroteter rosa Pfeffer

50 g Walnüsse

$^1/_2$ Bd. Minze

Zubereitungszeit:
30 Min.

1. Erdbeeren kalt waschen, mit Küchenpapier trocken tupfen und putzen. Halbieren und den Stielansatz entfernen. Himbeeren waschen, trocken tupfen und verlesen.

2. Die Roten Johannisbeeren kalt waschen, abtropfen lassen und von den Rispen zupfen. Heidelbeeren und Brombeeren kalt abbrausen, abtropfen lassen und verlesen. Alle Beeren in eine große Schüssel geben.

3. Vanilleschote mit einem spitzen Messer der Länge nach aufschneiden. Das Mark mit dem Messerrücken oder einem kleinen Löffel herauskratzen und in ein Schälchen geben.

4. 1 Prise Muskatnuss reiben und mit Vanillemark, braunem Zucker und rosa Pfeffer vermengen. Den gewürzten Zucker dann zu den Beeren geben und vorsichtig mischen.

5. Die Walnüsse grob hacken. Eine kleine beschichtete Pfanne erhitzen und die Walnüsse darin ohne die Zugabe von Fett rösten. Dabei regelmäßig schwenken, damit die Nüsse nicht verbrennen. Dann auf einen Teller geben und abkühlen lassen.

6. Die Minze mit kaltem Wasser abbrausen, trocken schütteln und die Blättchen von den Stängeln zupfen. Zusammen mit den gerösteten Walnüssen unter die Beeren mischen und dann den Salat servieren.

Tipp

Sehr gut schmeckt zu diesem Beerensalat noch Vanillesoße oder ein cremiges Vanilleeis auf Basis von Sojamilch bzw. Sojadrink.

TOFU-SCHNITTEN
MIT ROSENWASSER

Für ca. 12 Stück:

Für den Boden:

350 g vegane Spekulatiuskekse

175 g Kokosöl

Für den Tofu:

2 l Sojadrink natur

4 g Nigari-Flocken

3 EL Apfelessig

Für die Creme:

10 g Agar-Agar

100 g pflanzliche Margarine

150 g brauner Rohrzucker

2 TL Rosenblütenwasser

250 ml schlagbare Sojasahne

Kokoschips und essbare Rosenknospen zum Garnieren

Zubereitungszeit:
50 Min.

Ziehzeit:
30 Min.

Kühlzeit:
6 $^{1}/_{2}$ Std.

1. Für den Boden Spekulatiuskekse fein zerbröckeln und mit dem Kokosöl vermengen. Eine rechteckige Backform mit ca. 22 cm x 24 cm Kantenlänge mit Backpapier auslegen. Die Keksmasse einfüllen und auf dem Boden gleichmäßig andrücken. Mindestens 30 Minuten kalt stellen.

2. Für den Tofu den Sojadrink in einen Topf geben und bis kurz vor den Siedepunkt erhitzen. Dann vom Herd nehmen.

3. Nigari-Flocken mit Apfelessig und 6 EL Wasser vermengen und in den Sojadrink einrühren. Das Ganze ca. 30 Minuten stehen und gerinnen lassen.

4. Eine Tofupresse mit einem sauberen Küchentuch, am besten aus Leinen, auslegen. Den inzwischen geronnenen Drink mit einem Schaumlöffel aus der Molke schöpfen und in die Presse füllen. Das Tuch über der Masse zusammenschlagen. Die restliche Flüssigkeit gründlich herausdrücken. Anschließend den Tofu aus der Presse nehmen, aus dem Tuch wickeln und in eine Schüssel geben.

5. Für die Creme Agar-Agar in 80 ml Wasser in einem kleinen Topf auflösen und aufkochen. Unter Rühren ca. 2 Minuten kochen, dann vom Herd nehmen und abkühlen lassen.

6. Margarine schmelzen, mit Zucker und Rosenblütenwasser in eine Rührschüssel geben und cremig schlagen. Das Ganze mit der Agar-Agar-Mischung unter den Tofu mengen. Sahne steif schlagen und unter die Creme ziehen, dann die Masse auf dem Kuchenboden glatt streichen. Abdecken und mindestens 6 Stunden kalt stellen.

7. Tofukuchen nach Ende der Kühlzeit mit Kokoschips und Rosenknospen garnieren. In Stücke schneiden und servieren.

Tipp

Nigari ist ein Gerinnungsmittel auf Basis von Meersalz, das für die Herstellung von Tofu benötigt wird. Anstelle einer Tofupresse können auch erst mal eine Spätzlepresse oder ein Küchensieb verwendet werden, die man mit einem sauberen Tuch auslegt. Dann von Hand oder mithilfe eines schweren Gegenstandes pressen. Und wem der Aufwand doch zu groß ist, Tofu selbst herzustellen, verwendet für dieses Rezept 500 g Seidentofu.

Süßes

HAFERFLOCKEN-CRANBERRY-COOKIES

Für ca. 30 Stück:

150 g brauner Rohrzucker

300 g grobe Haferflocken

200 g Vollkornmehl

Salz

Zimtpulver

150 g getrocknete Cranberrys

250 ml Reisdrink

Zubereitungszeit:

30 Min.

Quellzeit:

10 Min.

Backzeit:

15 Min.

1. Den Ofen auf 180 Grad Ober- und Unterhitze (160 Grad Umluft) vorheizen. Ein Backblech mit Backpapier belegen.

2. Braunen Zucker mit Haferflocken und Vollkornmehl in eine Schüssel geben. Je 1 Prise Salz und Zimtpulver mit den Cranberrys hinzufügen und alles gründlich mischen.

3. Den Reisdrink zu den übrigen Zutaten gießen und nur kurz vermengen, sonst wird der Teig zu weich. Ca. 10 Minuten stehen lassen, damit die Masse etwas quellen und fester werden kann.

4. Mithilfe von zwei Teelöffeln kleine Teighäufchen auf das Blech setzen und etwas flach drücken. Das Blech in den heißen Backofen schieben und die Cookies auf der mittleren Schiene 10–15 Minuten backen.

5. Nach Ende der Backzeit die Cookies aus dem Ofen nehmen. Kurz ausdampfen lassen, dann vom Blech lösen und vollständig auskühlen lassen.

Tipp

Auch sehr lecker: Pflaumenhappen. Dafür 250 g Dörrpflaumen sehr klein schneiden und in einer Schüssel mit 2 EL Zwetschgenwasser übergießen. 4 Stunden durchziehen lassen. 30 g Walnüsse hacken und mit 30 g gemahlenen Mandeln, 1/4 TL Zimt sowie 1 EL Mandelmus zu den gehackten Pflaumen geben. Alles verkneten und daraus ca. 32 walnussgroße Kugeln formen. Auf Oblaten setzen, flach drücken und eine zweite Oblate aufsetzen; die Oblaten müssen je nach Größe natürlich etwas kleiner geschnitten werden.

BROWNIES
MIT MACADAMIANÜSSEN

Für ca. 12 Stück:

- 2 EL gemahlene Leinsamen
- 120 g vegane Zartbitterschokolade
- 7 TL veganes Kakaopulver
- 1 TL Instant-Espressopulver
- 3/4 TL Salz
- 180 g brauner Rohrzucker
- 80 g pflanzliche Margarine, weich
- 1/4 TL Backpulver
- 1/2 TL Vanillepulver
- 70 g Macadamianüsse
- 150 g Mehl (Type 405)

Zubereitungszeit:
30 Min.

Backzeit:
25 Min.

1. Den Ofen auf 180 Grad Ober- und Unterhitze (160 Grad Umluft) vorheizen. Ein kleines Backblech (ca. 20 cm x 20 cm Kantenlänge) mit Backpapier auslegen.

2. In einer kleinen Schüssel 3 EL Wasser mit gemahlenen Leinsamen vermischen. Das Ganze für 10 Minuten beiseitestellen.

3. Inzwischen Zartbitterschokolade in grobe Stücke brechen und in eine weitere Schüssel geben. Kakao- und Espressopulver sowie Salz hinzufügen. Die Mischung mit 60 ml kochendem Wasser übergießen und so lange mit dem Schneebesen durchrühren, bis eine glatte Masse entstanden ist.

4. Leinsamenmischung mit braunem Zucker, Margarine, Backpulver und Vanillepulver zur Schokoladenmasse geben. Dann das Ganze mit den Quirlen des Handrührgerätes glatt rühren. So lange rühren, bis sich der Zucker gelöst hat.

5. Zum Schluss Macadamianüsse und Mehl unter den Teig ziehen. Dann den Teig auf das vorbereitete Blech streichen und in den heißen Backofen schieben. Den Kuchen auf der mittleren Schiene ca. 25 Minuten backen.

6. Nach Ende der Backzeit den Kuchen aus dem Ofen nehmen und vollständig auskühlen lassen. Erst dann die Brownies in Stücke schneiden.

Tipp

Anstelle des Vanillepulvers kann natürlich auch das Mark von 2 ausgekratzten Vanilleschoten verwendet werden.

NUSSECKEN

Für ca. 24 Stück:

Für den Teig:

250 g Weizenmehl (Type 405)
1 EL Sojamehl
1 TL Backpulver
125 g pflanzliche Margarine, weich
120 g brauner Rohrzucker
1 EL Vanillezucker
125 ml Mineralwasser

Für den Belag:

300 g vegane Aprikosenkonfitüre
150 g pflanzliche Margarine
150 g brauner Rohrzucker
125 g gemahlene Haselnüsse
125 g gehackte Haselnüsse
100 g vegane Zartbitterschokolade

Zubereitungszeit:
35 Min.

Backzeit:
30 Min.

1. Den Ofen auf 180 Grad Ober- und Unterhitze (160 Grad Umluft) vorheizen. Für den Teig Weizen- und Sojamehl mit Backpulver vermengen und in eine Rührschüssel geben. Margarine, Zucker, Vanillezucker und Mineralwasser hinzufügen.

2. Die Zutaten für den Teig mit den Quirlen des Handrührgerätes glatt vermengen. Ein tiefes Backblech mit Backpapier auslegen, Teig darauf verteilen und glatt verstreichen.

3. Für den Belag den ungebackenen Teig mit der Aprikosenkonfitüre bestreichen. Margarine in einem Topf zerlassen, dann den Zucker darin unter Rühren schmelzen und leicht karamellisieren lassen.

4. 2 EL Wasser zur Zuckermischung geben und dann die gemahlenen und gehackten Haselnüsse einrühren. Etwas abkühlen lassen und anschließend das Ganze auf dem Teig verteilen.

5. Das Blech in den heißen Ofen schieben und den Teig auf der mittleren Schiene 30 Minuten backen. Danach herausnehmen und auskühlen lassen.

6. Den Kuchen in ca. 24 Dreiecke schneiden. Zartbitterschokolade grob zerkleinern und dann über einem heißen Wasserbad schmelzen. Die Spitzen der Nussecken in die geschmolzene Schokolade tauchen und auf Backpapier setzen, bis die Schokolade fest ist.

Tipp

In einer Dose aus Metall hält sich das Gebäck ca. 3 Wochen.

BEEREN-KLEIE-MUFFINS

Für 12 Stück:

150 g Vollkornmehl
50 g gemahlene Haselnüsse
2 EL Haferkleie
3 TL Backpulver
$^1/_2$ TL Natron
100 g getrocknete Cranberrys
50 g getrocknete Himbeeren
3 reife Bananen
350 ml Sojadrink natur
100 g brauner Rohrzucker
100 ml Rapsöl

Zubereitungszeit:
30 Min.

Backzeit:
30 Min.

1. Den Ofen auf 225 Grad Ober- und Unterhitze (200 Grad Umluft) vorheizen. Die Vertiefungen eines Muffinblechs mit jeweils 1 Papierförmchen auskleiden.

2. Vollkornmehl mit Haselnüssen, Kleie, Backpulver und Natron in eine Rührschüssel geben. Cranberrys und Himbeeren hinzufügen und alles vermengen.

3. Die Bananen schälen, in Stückchen schneiden und mit einer Gabel zu Brei zerdrücken. Den Sojadrink mit braunem Zucker und Rapsöl unterrühren. Die Mehlmischung zugeben und alles nur so lange verrühren, bis die Teigzutaten gerade feucht sind.

4. Den Teig in die vorbereiteten Förmchen im Muffinblech füllen. In den heißen Backofen schieben und die Muffins auf der mittleren Schiene ca. 30 Minuten backen. Die Stäbchenprobe machen. Dafür mit einem Holzstäbchen in die Muffins stechen; wenn daran kein Teig kleben bleibt, sind sie fertig.

5. Die Muffins aus dem Ofen nehmen und kurz in der Form abkühlen lassen. Danach aus den Mulden lösen und auf einem Kuchengitter auskühlen lassen.

Tipp

Den Teig sollte man nur so lange rühren, bis sich feuchte und trockene Zutaten gerade verbunden haben. Rührt man zu lange, können die Muffins fest und zäh werden.

Süßes

APFEL-KARTOFFEL-KUCHEN

Für ca. 12 Stücke:

250 g Kartoffeln, gekocht

250 g Mehl (Type 550)

1 Päckchen Backpulver

175 g brauner Rohrzucker

1 EL Apfelmus

1 Päckchen Soßenpulver mit Vanillegeschmack

1 Prise Salz

Saft von 1/2 Zitrone

100 g Rosinen oder getrocknetes Mischobst

pflanzliche Margarine und Paniermehl für die Form

Zubereitungszeit:

25 Min.

Backzeit:

1 Std.

1. Den Ofen auf 200 Grad Ober- und Unterhitze (180 Grad Umluft) vorheizen. Die gekochten Kartoffeln schälen und danach in eine große Rührschüssel reiben. Mehl und Backpulver vermengen, dann zu den Kartoffeln geben und das Ganze gründlich verrühren.

2. Zucker, Apfelmus, Soßenpulver und Salz zur Kartoffelmischung geben. Zitronensaft und 125 ml Wasser hinzufügen und dann das Ganze mit den Quirlen des Handrührgerätes zu einem zäh fließenden Teig verarbeiten.

3. Die Rosinen unter den Teig ziehen. Eine Napfkuchenform gründlich mit Margarine ausstreichen und mit dem Paniermehl ausstreuen. Anschließend den Teig einfüllen.

4. Die Kuchenform auf die untere Schiene im heißen Backofen stellen und den Apfel-Kartoffel-Kuchen 50–60 Minuten backen. Danach herausnehmen und auskühlen lassen.

Tipp

Apfelmus lässt sich toll selbst machen und schmeckt pur, zu Pfannkuchen, Kartoffelpuffern & Co. einfach immer super. Dafür 1 kg Äpfel waschen, vierteln, schälen und die Kerngehäuse entfernen. Äpfel in kleine Stücke schneiden und in einen Topf geben. 3 EL Wasser, 3 EL Ahornsirup, 1 TL fein abgeriebene Schale von 1 unbehandelten Zitrone sowie je 1 Msp. Zimt- und Nelkenpulver hinzufügen. Das Ganze erhitzen und einige Minuten leise köcheln lassen, bis die Äpfel zerfallen und weich sind. Abschmecken und dann durch ein feines Sieb passieren. Warm servieren oder abkühlen lassen.

RHABARBER-BROT

Für 4 kleine Brote:

42 g frische Hefe

100 g pflanzliche Margarine

ca. 500 g Mehl (Type 550)

6 EL brauner Rohrzucker

Salz

250 g Rhabarber

Zubereitungszeit:
35 Min.

Ruhezeit:
40 Min.

Backzeit:
25 Min.

1. Für den Hefeansatz die Hefe zerbröckeln und mit 60 ml lauwarmem Wasser verrühren. Abdecken und ca. 10 Minuten ruhen lassen. Inzwischen die Margarine in einen Topf geben und zerlassen; sie darf dabei aber nicht heiß werden.

2. In einer großen Schüssel 500 g Mehl, 4 EL Zucker und 1 Prise Salz verrühren und zu einem kleinen Berg anhäufen. In der Mitte eine kleine Mulde formen und die warme Margarine hineingießen. Vorsichtig Hefeansatz und 140 ml lauwarmes Wasser zugeben.

3. Die Mehl-Hefe-Mischung mit der Hand verkneten, bis ein schön geschmeidiger und glatter Teig entstanden ist. Ist der Teig zu klebrig, noch etwas Mehl dazugeben.

4. Aus dem Hefeteig eine Kugel formen, in eine große Schüssel legen und mit einem Messer oben ein Kreuz einschneiden. Den Teig mit einem sauberen Küchentuch abdecken und ca. 30 Minuten an einem warmen Ort gehen lassen.

5. Den Ofen auf 200 Grad Ober- und Unterhitze (180 Grad Umluft) vorheizen. Den Rhabarber waschen, putzen, Fäden abziehen und dann die Stangen in Scheiben schneiden.

6. Ein Backblech mit Backpapier belegen. Den Teig nach Ende der Gehzeit nochmals kräftig durchkneten. Dann in 4 gleich große Teile teilen und jede Teigportion zu einem kleinen Brot ausrollen. In der Mitte jeweils eine Mulde bilden und mit dem Rhabarber belegen.

7. Den übrigen Zucker über die Brote streuen. Dann das Blech in den heißen Ofen schieben und Rhabarberbrot auf der mittleren Schiene 20–25 Minuten backen. Nach Backzeitende ausdampfen und dann auf einem Kuchengitter auskühlen lassen.

Tipp

Rhabarberbrot schmeckt toll zum Kaffee oder Tee, aber natürlich auch zum Frühstück!

TAPIOKA-PUDDING MIT GEGRILLTEM PFIRSICH

Abb. Seite 119

Für 4 Personen:

40 g Tapiokaperlen
300 ml Kokosmilch
200 ml schlagbare Sojasahne
4 EL brauner Rohrzucker
4 Pfirsiche
1 TL Zimtpulver
60 ml Sekt
essbare Blüten (z. B. Kapuzinerkresse)

Zubereitungszeit:
30 Min.

Einweichzeit:
10 Min.

Garzeit:
30 Min.

1. Die Tapiokaperlen in eine Schüssel geben und so viel heißes Wasser angießen, dass sie bedeckt sind. Ca. 10 Minuten einweichen, danach abgießen.

2. Die Kokosmilch mit 100 g Sojasahne und braunem Zucker in einen Topf geben und unter Rühren aufkochen. Dann die Temperatur der Herdplatte auf die kleinste Stufe zurückschalten und die Tapiokaperlen dazugeben. Unter häufigem Rühren auf kleinster Flamme ca. 20 Minuten köcheln lassen, bis die Perlen durchsichtig sind.

3. Den Topf vom Herd nehmen und den Pudding abkühlen lassen. Sollte er zu dickflüssig sein, noch ein wenig Wasser einrühren.

4. Die Pfirsiche waschen, halbieren und die Steine auslösen. Unter dem Backofengrill ca. 10 Minuten grillen, dabei öfter wenden und nach der Hälfte der Garzeit mit Zimt bestäuben. Anschließend die Pfirsiche kurz abkühlen lassen und 4 Pfirsichhälften klein würfeln.

5. Pfirsichwürfel mit Sekt vermengen und auf 4 Gläser oder Dessertschalen verteilen. Den ausgekühlten Tapiokapudding daraufgeben und jeweils 1 Pfirsichhälfte obenauf setzen.

6. Die übrige Sojasahne steif schlagen und je 1 Klecks auf die Pfirsiche geben. Das Ganze mit Essblüten garnieren und dann sofort servieren.

Tipp

Tapioka, eine geschmacksneutrale Stärke, wird aus der Maniokwurzel gewonnen. Sie wird in der westafrikanischen, brasilianischen und asiatischen Küche sehr gern für Süßspeisen verwendet und eignet sich nicht nur bei Glutenunverträglichkeit gut zum Andicken beispielsweise von Suppen oder Soßen.

REGISTER

BILDNACHWEIS

Alpro: 15, 17, 21, 29, 35, 47, 51, 103, 117; California Walnut Commission: 23, 79, 127; Einenkel/Bassermann Verlag: 43, 83, 139, 141; www.fotolia.de: irrez 12 unten links; Jessen/Südwest Verlag: 25, 31, 33, 53, 73, 133, 135; Peters/Südwest Verlag: 77, 87; Photocuisine: 91, 111, 113, 121; Plewinski/Südwest Verlag: 19; Schürle, Grossmann/Südwest Verlag: 81; www.shutterstock.de: happy_fox_art Hinterlegung auf allen Seiten und Illustrationen 16, 18, 22, 24, 26, 28, 30, 34, 38, 42, 44, 46, 52, 54, 56, 58, 60, 62, 64, 72, 74, 76, 86, 94, 100, 102, 110, 116, 120, 122, 126, 136, 140 und 142, Daxiao Productions 4, Alena Haurylik 5 oben und 6, VICUSCH-KA 5 unten, B. and E. Dudzinscy 7 oben, baibaz 7 unten, successo images 8 oben, Eugenia Lucasenco 8 unten, Gayvoronskaya_Yana 9 links, M. Cornelius 9 rechts, matka_Wariatka 10 oben, SirChopin 10 unten, MaraZe 11 oben, Pat_Hastings 11 unten, Africa Studio 12 oben, yesyesterday 12 Mitte rechts, JoannaTkaczuk 13 oben, fotogenicstudio 13 unten, Red pepper 14; StockFood: 27, 37, 39, 41, 45, 49, 55, 57, 59, 61, 63, 65, 67, 69, 71, 75, 85, 89, 93, 95, 97, 99, 101, 105, 107, 109, 115, 119, 123, 125, 129, 131, 137